Helmut Raab

Die Feuerwehr und ihre Fahrzeuge

Sonderaufbauten

1993

Die Deutsche Bibliothek — CIP-Einheitsaufnahme

Die **Feuerwehr und ihre Fahrzeuge:** Sonderaufbauten /
Helmut Raab. — 1. Aufl. — Erlensee: Haus, 1993
ISBN 3-88776-062-X
NE: Raab, Helmut

1. Auflage 1993

Gesamtherstellung: Druckerei Haus GmbH, Erlensee.
Printed in Germany
ISBN 3-88776-062-X

Vorwort

Sonderfahrzeuge im Feuerwehrbereich zeigen viele Detaillösungen auf, die bei den Normtypen kaum oder erst viel später genutzt werden. Jedes dieser Fahrzeuge ist auf die besonderen Anforderungen und Bedürfnisse des Anwenders zugeschnitten, sei es für den Einsatz in einer Raffinerie, auf einem Flugplatz oder im Schutzbereich einer Werkfeuerwehr.

Aber auch Berufs- und Freiwillige Feuerwehren stellen ab und an Sonderfahrzeuge in Dienst, weil DIN-Fahrzeuge die spezifischen örtlichen Belange aus den unterschiedlichsten Gründen heraus nicht erfüllen können.

Einige dieser Einzelstücke und die damit gewonnenen Erfahrungen dienten später als Vorbild für ganze Serien, so z.B. der Prototyp des ,,Basisfahrzeug 1":

Grundidee war dabei, auch die kleinste Löschfahrzeugeinheit der Feuerwehr, daß Tragkraftspritzenfahrzeug (TSF), mit einem Löschmittelbehälter auszustatten — das TSF-W (Tragkraftspritzenfahrzeug-Wasser) war entstanden.

In diesem Buch wurden eine Vielzahl dieser ,,Spezialitäten" zusammengefaßt. Sie stehen für die Entwicklung auf dem Feuerwehrfahrzeugsektor in den letzten 10 Jahren und geben einen Einblick in die ,,Ideenküche" der Feuerwehren sowie der Hersteller.

Ziel war es nicht, ein Typenbuch mit kompletter Übersicht bis hin zum letzten technischen Detail zu schaffen. Bewußt beschränkt sich die Sammlung auf repräsentative Beispiele, die für die verschiedensten Fahrzeuggruppen stehen. Ebenso bewußt wurden nur Fahrzeuge aufgenommen, die im deutschsprachigen Raum (egal wo sie später eingesetzt wurden) entstanden.

So entstand sowohl für den Laien als auch den Fachmann anhand von ausgewählten Einzelbeispielen ein Einblick in die Entwicklung der letzten Jahre, abgerundet durch die wesentlichsten technischen Informationen.

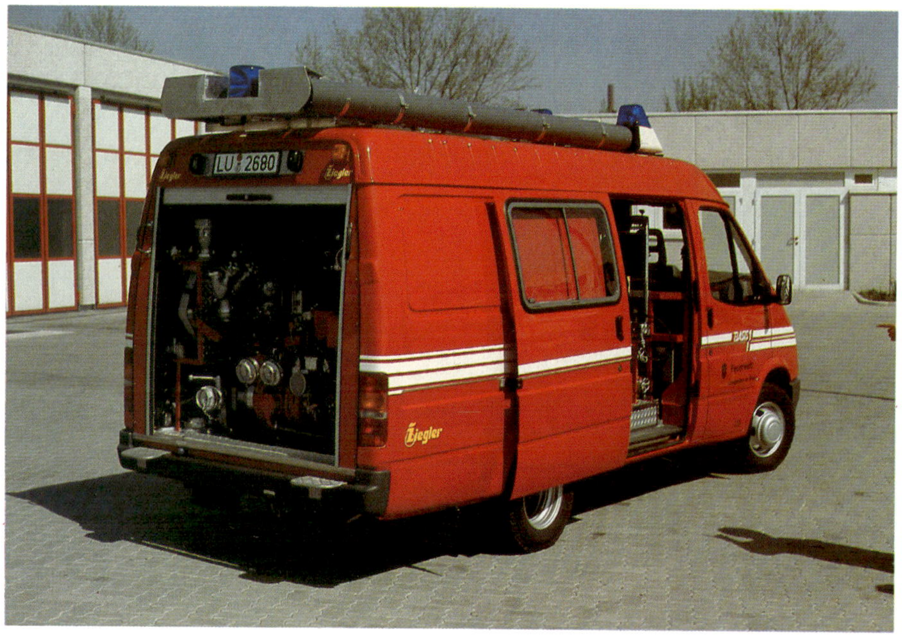

Die Firma Ziegler baute den Prototyp des ,,Basisfahrzeug 1" auf ein Ford Fahrgestell Typ FT 190 auf

Starten wir unsere kleine Reise durch die Welt der Feuerwehr-Sonderfahrzeuge mit den kleinsten Einheiten:

Mitte der 80er Jahre begann in Fachkreisen eine längere Diskussion, die zu einer Typenreduzierung bei den Einsatzfahrzeugen — vor allem aus Kostengründen — führen sollte. Das sogenannte ,,Basisfahrzeug-konzept" wurde allerdings nie in voller Konsequenz verwirklicht:

Bei dem hier gezeigten Prototyp handelt es sich um die kleinste Einheit, ein sogenanntes ,,Basisfahrzeug 1". Es wurde im April 1987 von der Feuerwehr Ludwigshafen in Dienst gestellt.

Aufgebaut auf ein handelsübliches Ford-Fahrgestell vom Typ FT 190 führt es 500 l Wasser und eine TS 8/8-1-1 (Rotax, Leistung von 900 l/min bei 8 bar) mit.

Die Finanzierung des Projektes hatte das Land Rheinland-Pfalz übernommen, der Aufbau erfolgte in den Werkstätten der Firma Ziegler.

Ausgelegt für eine Staffelbesatzung hat das Fahrzeug ein zulässiges Gesamtgewicht von 3.500 kg; die

Abmessungen (LxBxH) liegen bei 5.500 x 1.972 x 2.550 mm).

Atemschutzgeräte, ein 20 m langer, formfester Schnellangriffsschlauch im Fahrzeugheck sowie eine umfangreiche feuerwehrtechnische Beladung ermöglichen der Besatzung die Einleitung eines wirkungsvollen Erstangriffes oder die selbständige Abwicklung kleinerer Einsätze.

Pumpenbedienstand mit Schnellangriffseinrichtung;

Mannschaftskabine mit im Sitz integriertem Atemschutzgerät

Kurz nach der Präsentation des „Basisfahrzeuges 1" stellte die BF Wolfsburg ebenfalls zwei Kleineinsatzfahrzeuge vor:

Der VW LT 45 wurde zur Basiseinheit „Löschen" und ein VW Syncro zur Basiseinheit „Technische Hilfeleistung" ausgebaut.

Das Löschfahrzeug ist mit einer TS 8/8, 800 l Wassertank und den erforderlichen Löschgeräten ausgestattet. Natürlich wird auch schwerer Atemschutz (4 Geräte im Gegensatz zu den beiden im Basisfahrzeug 1) mitgeführt.

Die Basiseinheit „Technische Hilfeleistung" ist unter anderem mit Stromerzeuger (5 kVA), Spreizer, Hydraulikpumpe und Schneidgerät ausgerüstet. Als Löschmittel führt dieses Fahrzeug 100 l Light Water mit.

Basisfahrzeug Löschen

Unten: Basisfahrzeug Technische Hilfeleistung

In vielen Städten werden verstärkt schmale, verkehrsberuhigte Zonen realisiert — und damit entstehen für die Feuerwehren Probleme:

Großfahrzeuge erreichen nur noch unter Schwierigkeiten die Einsatzstelle, kleine und wendige Einheiten sind gefragt.

Die BF Bremen stellte Ende der 80er Jahre deshalb auf Basis des Ford Transit FT 190 ein Vorauslöschfahrzeug (VLF) für eine Besatzung von 1:3, ausgerüstet mit 500 l Wassertank und einer vom Heck aus entnehmbaren Fox TS 8/8 in Dienst.

Die Tragkraftspritze (TS) wurde im Fahrzeugheck untergebracht, da in engen Gassen eine seitliche Entnahme oftmals unmöglich ist

Das RLF 500 S (oben und unten) ist auch mit einem pneumatisch bis auf 3,85 m ausfahrbarem Flutlichtmast — 3 x 500 Watt — ausgestattet

Rechts: KRF Tunnel der BF Graz

Gesucht wurden aber nicht nur kleinere Lösch- oder Hilfeleistungsfahrzeuge, Kombinationseinheiten wurden von den Feuerwehren gewünscht. Die Firma Lohr aus Österreich realisierte auf einem MB 410 D (70 kW/95 PS) 1993 ein solches Rüst-/Löschfahrzeug mit der Bezeichnung RLF 500-S:

Es führt 500 l Wasser, 40 l Schaummittel, eine zweistufige Ziegler-Einbaupumpe MP 12 (Fahrzeugheck, Leistung 800 l/min bei 15 bzw. 1.200 l/min bei 10 bar), 3 kVA Stromerzeuger, hydraulische Rettungsgeräte, Ölbindemittel und eine Beladung für Lösch- sowie Hilfeleistungseinsätze mit.
Ausgelegt für eine Besatzung von 1:3 hat das Fahrzeug mit einem Radstand von 3.350 mm ein zulässiges Gesamtgewicht von 4.370 kg. Die Abmessungen betragen 5.100x2.000x2.400 mm.

Bei der Berufsfeuerwehr Graz steht ein weiteres Klein-Rüstfahrzeug dieses Aufbau-Herstellers, speziell für Tunnel-Einsätze, in Dienst. Aufgebaut auf Pinzgauer verfügt es unter anderem über 100 l Light-Water und Langzeitatemschutzgeräte.

Der Frontwerfer kann vom Fahrersitz aus bedient werden

Um das Problem der Tunneleinsätze besser in den Griff zu bekommen, konzeptionierte der Landesfeuerwehrverband Steiermark/Österreich 1990/91 ein Rüstlöschfahrzeug ,,RLF 1000 Tunnel". Folgende Grundanforderungen wurden gestellt:

Durch die Beladung und technische Ausrüstung bedingt Fahrgestell der 7,5 t-Klasse; Besatzung 1:2; 1.000 l Wassertank; Hochdruck- oder Kombinations-Feuerlöschpumpe; Schaummittelvorrat; hydraulisches Rettungsgerät, Stromerzeuger; Wasserwerfer; Elektro-Selbstbergewinde.

Im Fahrgestellbereich entschied man sich für einen MB-Kastenwagen vom Typ 814 D, mit den Aufbauten für die Prototypen wurden die Firmen Lohr und Rosenbauer beauftragt.

Die Firmen Lohr (links) und Rosenbauer (rechts) wurden mit der Entwicklung des RLF 1.000 Tunnel beauftragt

Das Rosenbauer-Fahrzeug ist bei der FF Modriach stationiert

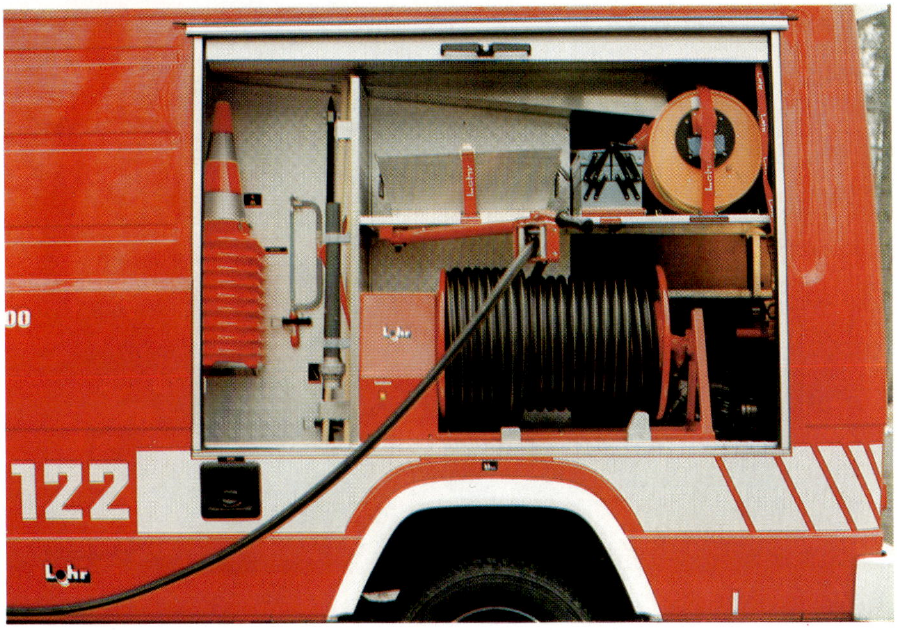

Die Schnellangriffseinrichtung des Lohr-Fahrzeuges

Es würde sicherlich zu weit führen, alle konstruktiven Unterschiede der beiden Fahrzeuge aufzuzählen, deshalb nur einige wesentliche Details:

Lohr wählte eine herkömmliche Ziegler-Feuerlöschkreiselpumpe mit Normal- und Hochdruckteil, während Rosenbauer sich für eine 3-Zylinder-Kolbenpumpe entschied.

Beide Firmen bauten am Bug die geforderte Elektroseilwinde und einen vom Innenraum aus fernsteuerbaren Wasserwerfer ein. Für

Die Fahrzeuge (im Bild linker Geräteraum des Rosenbauer RLF) wurden mit den Ausrüstungsgegenständen bestückt, die für Tunneleinsätze am wichtigsten sind

die beiden Beifahrer wurden an der Rückseite der Sitze Halterungen für die Aufnahme von Langzeitatemschutzgeräten installiert.

Neben den Schnellangriffshaspeln für den Löschangriff wurden auch die hydraulischen Rettungsgeräte mit Schnellangriffs-einrichtungen ausgestattet. Der ausfahrbare Lichtmast zur Umfeldbeleuchtung ist mit einer Anstoßsicherung für den Tunneleinsatz ausgestattet.

Der Löschangriff kann vom Fahrerhaus aus gestartet werden, auch die Monitorsteuerung ist von dort aus möglich.

Die beiden Prototypen wurden im Frühjahr 1992 im Bereich der Semmering- bzw. Südautobahn zur Sicherung der dortigen Tunnelstrecken, aber natürlich auch für Freilandeinsätze bei den zuständigen Freiwilligen Feuerwehren in Dienst gestellt.

Rosenbauer baute eine Kolbenlöschpumpe ein

Lohr nutzte eine kombinierte Kreiselpumpe

Die Rückenlehnen der Sitze wurden mit Langzeitatem-schutzgeräten ausgestattet

Mittelschweres Lösch- und Hilfeleistungsfahrzeug ,,Basis 2" von Arve auf MAN 9.136 FAE

FGL/Unimog TLF 24/80 mit 5.000 l Wasser und 500 l Schaum

Weitgehend an Standard-Fahrzeuge erinnern zumindest äußerlich die hier gezeigten Fahrzeuge:

Ziegler präsentierte im Zuge der Diskussion um die Basisfahrzeuge 1988 den Typ ,,Basis 3" auf MB Fahrgestell, Arve folgte 1990 mit dem mittelschweren Lösch- und Hilfeleistungsfahrzeug ,,Basis 2" auf MAN.

Für die Werkfeuerwehr der Lausitzer Braunkohle AG baute FGL Luckenwalde 1992 auf Unimog 2150 ein TLF 24/80 in Sonderversion auf und Geiselmann lieferte 1989 an die Werkfeuerwehr der Firma Rasselstein in Neuwied ein S-TLF 16 auf MAN.

MB 1625/Ziegler ,,Basis 3" (2.000 l Wasser, 200 l Schaum) mit kombinierter Normal- und Hochdruckpumpe)

Geiselmann S-TLF 16 (2.750 l Wasser, 300 l Schaum, 100 kg Halon, 24 kg Pulver) auf MAN 12.192 FA

Als Kombinationsfahrzeuge für die Brandbekämpfung und Hilfeleistungen stellte die BF Bremen drei LF 16-S in Dienst

Für den Einsatz im engen Innenstadtbereich benötigte die Berufsfeuerwehr Bremen nicht nur das bereits gezeigte kleine Vorauslöschfahrzeug, auch die größeren Einheiten mußten den gesonderten Bedingungen angepaßt werden. Zusätzlich wurde die Forderung nach einem Fahrzeugtyp gestellt, mit dem sich sowohl Lösch- als auch Hilfeleistungseinsätze durchführen lassen.

So entstanden in Zusammenarbeit mit der Firma Metz 1988 drei LF 16-S auf MB 1120 F mit auf 3.150 mm verkürztem Radstand. Der Aufbau wurde seitlich vor und nach der Hinterachse bis etwa zur Radmitte heruntergezogen, um die Geräteentnahme zu erleichtern.

Die Fahrzeuge für eine Besatzung von 1:4 sind mit 1.600 l Wassertank, zweistufiger Feuerlöschkreiselpumpe FP 16/8, Hydraulikaggregat mit Rettungsschere und Spreizer sowie Stromaggregat (5 kVA) ausgestattet. Die umfangreiche Beladung nach den Spezifikationen der BF ermöglicht ein breites Einsatzspektrum.

Für breite Diskussionen sorgte 1986 die Vorstellung des ,,Falcon-Konzeptes" der Firma Rosenbauer. Vor allem die Tatsache, daß beim Löschfahrzeugbau mangels Alternativen auf konventionelle LKW-Chassis zurückgegriffen werden mußte, die die speziellen Anforderungen an Feuerwehrfahrzeuge nur zum Teil erfüllen, führte bereits 1984 zur Idee eines völlig neuartigen Löschfahrzeuges. Zugleich sollte dieser Fahrzeugtyp ohne großen konstruktiven Aufwand in möglichst vielen Varianten (unterschiedliche Löschmittelbehälter, Nutzungsmöglichkeit für verschiedene Einsatzzwecke) realisierbar sein.

In den Werkstätten der Firma Titan entstand als Basis ein Frontlenker-Zweiachs-Chassi mit permanentem Allradantrieb, angetrieben von einem MB 4-Takt V8 Dieselmotor mit einer Leistung von 280 PS. Der Aufbau — in enger Abstimmung mit Feuerwehrexperten entwickelt — ermöglichte durch seine niedrige Bauhöhe eine leichte Entnahme aller Geräte vom Boden aus. Verschiedene zusätzliche konstruktive Details wie beispielsweise die großräumige Fahrer- und Mannschaftskabine mit hohen Türen und einer komfortablen Innenausstattung sorgten für aktive sowie passive Sicherheit.

Unten links: Der Falcon in der Variante TLF 4000 (3.700 l Wasser, 300 l Schaum) der FF Amstetten/Österreich; unten rechts: Die Variante TroTLF (2.200 l Wasser, 300 l Schaum, 250 kg Pulver, 50 kg Halon) der BF Frankfurt/Main.

Oben: Einer der beiden 1986 vorgestellten Prototypen in TLF-Version; unten: Falcon BF Zürich (2.500 l Wasser, 300 l Schaum)

Für Libyen wurde der Falcon 1989 mit 3.000 l Wasser und 300 l Schaum ausgeliefert

Der Pumpenbedienstand des Falcon befindet sich unter einer Klappe an der Fahrzeugfront. Die kombinierte Hoch-/Normaldruckpumpe sorgt für eine Leistung von 3.000 l/min bei 8 bzw. 350 l/min bei 40 bar.

Die Kabine des Züricher Falcon's ist für eine Besatzung von 1:5 ausgelegt, die Beladung orientiert sich nach örtlichen Spezifikationen

Der Frankfurter Falcon mit abnehmbarem Dachmonitor (schwenkbares Schwerschaumrohr, Leistung 2.400 l/min)

Freiwillige Feuerwehren haben es bei der Beschaffung eines Sonderfahrzeuges schwer:

Sie müssen sich nach den gültigen Normen und Richtlinien des jeweiligen Innenministeriums richten, soll nicht auf Landeszuschüsse verzichtet werden.

Neidvoll blickt deshalb so mancher Leiter einer FF in Richtung der Berufs-, Betriebs- und Werkfeuerwehren, die in ihrer Kaufentscheidung von den Zwängen der engen Richtlinienpolitik befreit sind und „maßgeschneiderte", auf die örtlichen Gegebenheiten zugeschnittene Lösungen beschaffen können.

In Dietzenbach/Hessen entschied man sich bei der Planung einer größeren Ersatzbeschaffungsmaßnahme 1988/89 zum Verzicht auf einen Landeszuschuß und erreichte dadurch eine individuelle Konzeption.

Die Kabine des HLF 16 bietet Platz für eine Besatzung von 1:5

Die umfangreiche Beladung des HLF ist sowohl für Brandbekämpfungs- als auch Hilfeleistungseinsätze ausgelegt. Die Abschrägung im Heckbereich erfolgte erst einige Wochen nach der Auslieferung

Im Rahmen des Gesamtkonzeptes ergab sich durch diesen Verzicht insgesamt gesehen noch eine kostengünstigere Lösung:

Statt der erforderlichen drei Norm-Ersatzfahrzeuge mußten nur zwei Einheiten beschafft werden, auch längere Wartezeiten (verursacht durch das Bezuschussungverfahren) und dadurch bedingte Mehraufwendungen bei den alten Fahrzeugen durch Reparaturen konnten entfallen, da die Fahrzeuge rund 2 1/2 Jahre früher in Dienst gestellt werden konnten.

1991 erfolgte auf Basis des Iveco 130-16 A Turbo unter anderem die Auslieferung eines HLF 16 mit kombinierter HD-/ND-Pumpe (3.000 l/min bei 8 bar, 350 l/min bei 40 bar), 2.000 l Wasser- und 200 l Schaummitteltank. Der Aufbau stammt von Rosenbauer.

,,Hurrikan", unter dieser Bezeichnung stellte der österreichische Aufbauhersteller Lohr 1988 ein neukonzipiertes Tanklöschfahrzeug (TLF 4000) vor. Aufgebaut auf ÖAF 15 L 290 4x4 (Motorleistung 213 kW/290 PS) bietet es Platz für eine Besatzung von 1:6.

Der 4.000 l fassende Wassertank versorgt eine Ziegler Niederdruck-/Hochdruckpumpe Typ HMP 24 (3.600 l/min bei 10 bzw. 250 l/min bei 40 bar). Heruntergezogene Geräteräume erleichtern die Entnahme der Beladung.

Die Gesamtkonzeption der ,,Hurrikan"-Reihe umfaßt die Varianten LF, TLF 2000, TLF 4000 und Rüstlöschfahrzeug, Mannschaftskabinen sind für eine Besatzung von 1:6 oder 1:8 realisierbar

15-290 L
4x4
TLFA 4000
Achtung!

17
Florianstreff
TLFA 4000
15-290 L
4x4
FEUERWEHR
D·A·F

Ab 1985 stellte die BF Frankfurt/Main die dritte Generation ihrer Hilfeleistungs-Löschfahrzeuge vom Typ HLF 16 in Dienst.

Der Aufbau (Rosenbauer) erfolgte auf einem serienmäßigen Mercedes-Fahrgestell Typ 1222, ABS und Winterfahrschutzeinrichtung (automatisch ausfahrbare Ketten) gehören ebenso zum Standard, wie die kombinierte HD-/ND-Pumpe Typ RM 280 oder eine 80 m lange Hochdruck-Schnellangriffseinrichtung mit Nebel-Pistolen-Strahlrohr (Ne-Pi-Ro).

Auf der rechten Seite befindet sich die Beladung zur technischen Hilfeleistung

Linke Fahrzeugseite mit Beladung für die Brandbekämpfung

Auf der linken Fahrzeugseite ist die Beladung für Brandbekämpfungseinsätze, rechts die für Hilfeleistungen verlastet.

In Serie realisiert bei dieser Fahrzeuggeneration die zuvor getestete Rückfahrwarneinrichtung durch zwei an der Stoßstange montierte Ultraschallsensoren.

Lediglich als Prototyp realisiert wurde 1987 das Modulfahrzeug ,,Pegasus" der Firma Hötzl/Österreich auf Steyr 12 S 18 4x2.

Die Version TLF 2.000 — angelehnt an die Baurichtlinien des Österreichischen Feuerwehrverbandes — bietet Platz für eine Besatzung von 1:8. Der Wassertank hat ein Fassungsvermögen von 2.000 l,

als Feuerlöschkreiselpumpe fand eine Ziegler FP 16/8 Verwendung.

Vorgesehen war der Bau mehrerer LF- und TLF-Varianten. Durch den Konkurs des Unternehmens konnten die Pläne allerdings nicht realisiert werden.

Nach den Plänen der FF Bischofshofen/Österreich entstand 1991 in den Werkstätten der Firma Rosenbauer ein Hilfeleistungs-Löschfahrzeug vom Typ TLF 2000 auf MB 1126 Allrad-Fahrgestell.

Insgesamt sechs Schnellangriffseinrichtungen (2 x für Löschangriff, 1 x für Hebekisseneinsatz, 2 x Hydraulikgeräte, 1 x für Stromversorgung) erleichtern der Besatzung (1:6) die Einsatzabwicklung.

2.000 l Wasser und 200 l Schaummittel, eine kombinierte HD-/ND-Pumpe (3.000 l/min bei 10 bar, 540 l/min bei 40 bar), Einbaugenerator 20 kVA, Kompressor mit Elektroantrieb und der pneumatisch ausfahrbare Lichtmast (Arbeitshöhe 6 m, 4 x 1000 Watt) gehören zur Grundausstattung.

Neben Geräten für Brandbekämpfungs- und Hilfeleistungseinsätze werden Gefahrgutflüssigkeitssauger, ein Rauchgasentlüftungsgerät und pneumatische Hebekissen mitgeführt.

Die Unterbringung der feuerwehrtechnischen Beladung erfolgte in Gerätetiefräumen und Drehfächern

9.000 l Wasser und 1.000 l Schaum führt das GTLF 10.000 Baujahr 1985 der BF Frankfurt/Main (Aufbau: Rosenbauer) mit

Nicht nur in der Technik, sondern auch im äußerlichen Design beschritt die BF Frankfurt/Main bei der Konzeption des GTLF 10.000 Mixmatic neue Wege:

Aufgebaut auf MB 2636 A 41 (6x6) führt das Fahrzeug (360 PS Turbo Dieselmotor) 9.000 l Wasser und 1.000 l Schaum mit. Die kombinierte Hoch-/Normaldruckpumpe hat eine Leistung von 4.000 l/min bei 10 bzw. 400 l/min bei 40 bar.

Zwei Schnellangriffseinrichtungen, sechs Druckausgänge sowie der Dachmonitor stehen für den Löschangriff zur Verfügung.

Da das Fahrzeug nicht nur auf der Straße eingesetzt wird, ist es mit einem permanenten Allradantrieb ausgestattet.

Blick auf den Pumpenbedienstand im Fahrzeugheck

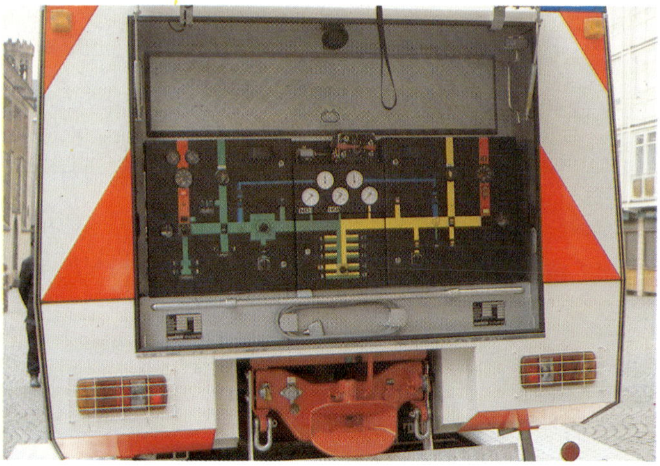

Die Blaulichter im Fahrzeugheck wurden in das Aufbaukonzept einbezogen

Ein weiteres Großlöschfahrzeug der BF Frankfurt/Main stammt aus den Werkstätten der Firma Ziegler:

Als Basis für das unter der Bezeichnung GTLF 6 laufende Fahrzeug nutzte man einen MB 1928 A/K 4x4 mit 206 kW/280 PS-Motor. Automatikgetriebe, Allrad, ABS und zuschaltbare Schneeketten (Winter-Truck-system) gehören zur Ausstattung.

In den fünf Geräteräumen des Vollkunststoffaufbaus findet die feuerwehrtechnische Beladung Platz.

Die kombinierte Normal- und Hochdruckpumpe (2.400 l/min bei 8, 250 l/min bei 40 bar) wird von dem 5.000 l fassenden Wassertank bzw. vom Schaummittelbehälter (500 l) versorgt.

Im November 1988 stellte die BF Frankfurt/Main dieses GTLF 6 mit Vollkunststoffaufbau in Dienst

Für den Schnellangriff stehen eine 80 m Hochdruck- und eine 50 m Normaldruckleitung sowie der Dachmonitor für Schaum- und Wassereinsatz zur Verfügung.

Das im November 1988 in Dienst gestellte Fahrzeug entspricht weitgehend einem TLF 24/50.

Brändle Niederbau-TLF FF Schwerzenbach/Schweiz

ULF 6.000/2.000 Österreichische Mineralölverwaltung;

TLF 48/100-20 BF Wiesbaden

Die vier hier gezeigten Fahrzeuge stehen für Sonderaufbauten bei Berufs-, Werk- und Freiwilligen Feuerwehren:

Brändle/Schweiz präsentierte auf MB 1429 AF/36 4x4 1991 ein Niederbau-Tanklöschfahrzeug (2.500 l Wasser, 500 l Schaum, Godiva-Feuerlöschpumpe 3.200 l/min bei 8 bzw. 300 l/min bei 40 bar) für die FF Schwerzenbach/Schweiz.

Bei der Werkfeuerwehr der Österreichischen Mineralölverwaltung erfolgte 1992 die Indienststellung eines Universallöschfahrzeugs mit 6.000 l Schaum und 2.000 kg Pulver auf ÖAF 24.302 mit Rosenbauer-Aufbau. Da dieses Fahrzeug durch das werksinterne Hydrantennetz mit Löschwasser versorgt wird, konnte auf den Einbau einer Feuerlöschpumpe verzichtet werden.

Ebenfalls aus den Werkstätten der Firma Rosenbauer kam ein Universallöschfahrzeug mit 9.000 l Wasser, 1.000 l Schaum

ULF 9.000/1.000/1.000 VR China

und 1.000 kg Pulver für die Werkfeuerwehr eines größeren Industriebetriebes in der VR China. Der Kunde entschied sich für ein Steyr 26 3/28 P 43 6x4 Fahrgestell mit 204 kW-Motor und eine Normaldruckpumpe vom Typ R 600. Geliefert wurde das Fahrzeug 1991.

An die Berufsfeuerwehr der Stadt Wiesbaden ging bereits ein Jahr zuvor ein Ziegler TLF 48/100-20 auf MB 2628 Straßenfahrgestell (206 kW). Mitgeführt werden 10.000 l Wasser und 2.000 l Schaum (Pumpentyp: FP 48/2 H).

Als Besonderheit bei diesem Fahrzeug sei die Selbstschutzeinrichtung durch zwei starr eingebaute Schaumfächer unter der Führerhaus-Stoßstange erwähnt.

SLF 10.000

TroTLF 28/30-3

Bei den Werkfeuerwehren der Industrie kommen unter anderem Fahrzeuge der Typen „SLF", „TroTLF" und „ULF" zum Einsatz. Diese Abkürzungen stehen für „Schaumlöschfahrzeug", „Trocken-Tanklöschfahrzeug" bzw. „Universal-Löschfahrzeug" und weisen auf die Ausstattung mit mehreren Löschmitteln hin.

An ein Tanklager in Ghana lieferte Rosenbauer 1991 auf Steyr 1491 6x6 ein SLF 10.000 mit 9.000 l Wassertank und 1.000 l Schaummittelbehälter (Normaldruckpumpe Typ R 6000, 6.000 l/min bei 10 bar) aus.

Die Werkfeuerwehr der Ciba-Geigy in Weier erhielt 1989 ein ULF 4.500/500/750 des gleichen Herstellers auf MAN 19.242 4x4 mit 4.500 l Wasser, 500 l Schaum und 750 kg Pulver. Auch bei diesem Fahrzeug erfolgte die Nutzung des Pumpentyps R 600.

Ziegler baute 1990 für die WF des Siemens Brennelementewerkes in Hanau auf MB 1120 ein TroTLF mit der Bezeichnung 28/30-3. Es ist mit einem 2.000 l fassenden Wassertank, 250 l Schaum und 2 x 250 kg Pulver ausgestattet. Die Pumpenleistung liegt bei 1.600 l/min.

ULF
4.500/500/750

Mit 1.000 kg Pulver, 9.000 l Wasser und 2.000 l Schaum ist dieses TroTLF der Werkfeuerwehr Roche AG ausgerüstet

Auch die Firma Carl Metz mit Sitz in Karlsruhe baut Trocken-Tanklöschfahrzeuge, wie dieses Beispiel aus der Mitte der 80er Jahre zeigt:

An die Werkfeuerwehr Roche AG mit Sitz in Sisseln (etwa 20 km von Basel entfernt) ging auf einem vierachsigen MB Fahrgestell vom Typ 3336 mit serienmäßigem Fahrerhaus für eine Besatzung von 1:2 ein TroTLF 1000/8000/2000.

Die Löschmittelbehälter fassen 1.000 kg Pulver, 8.000 l Wasser sowie 2.000 l Schaum. Im Fahrzeugheck angeordnet eine zweistufige Feuerlöschkreiselpumpe vom Typ FP 60/8 (Leistung: 6.000 l/min bei 8 bar).

Die Fertigung des Aufbaus erfolgte in Stahl-Leichtbauweise, auf dem begehbaren Dach befindet sich ein horizontal um 360° drehbarer kombinierter Schaum-/Wasserwerfer. Er ermöglicht eine maximale Leistung im Wasserbetrieb von 2.000 l/min und eine Wurfweite von 65 m.

Das rund 8,80 m lange, 2,5 m breite und im beladenen Zustand maximal 3,55 m hohe Fahrzeug hat übrigens ein zulässiges Gesamtgewicht von 28 t, der 10-Zylinder Dieselmotor bringt 261 kW/355 PS.

Die Total-Walther Pulverlöschanlage

Die im Heck eingebaute Feuerlöschpumpe Typ FP 60/8

Ebenfalls aus der Produktion der Firma Metz stammt das hier gezeigte Pulver-Tanklöschfahrzeug. Im März 1990 lieferte das Unternehmen zwei baugleiche Fahrzeuge auf MB Vierachsfahrgestell Typ 3336/8 mit 33 t zulässigem Gesamtgewicht (Motorleistung: 261 kW/355 PS) an die WF Merck aus.
Die Feuerlöschkreiselpumpe hat eine Leistung von 6.000 l/min bei 10 bar. Der Löschmittelvorrat besteht aus 4.000 l Wasser, 3.000 kg Pulver und 300 kg Kohlendioxid.

Die Fahrzeuge sind zusätzlich mit Generator (8 bzw. 5 kVA) und 4 x 1.000 Watt Flutlichtscheinwerfern ausgerüstet. Wegen der Gesamtlänge von 10,41 m erfolgte der Einbau einer Rückfahrkamera.

Zur umfangreichen Beladung gehören unter anderem Chemikalien- und Hitzeschutzanzüge, Preßluftatemschutzgeräte, Wasserringmonitore und Hydroschilder.

Heckansicht mit einer der beiden Camiva-Schlauchhaspeln für Einmannbedienung

Für eine Werkfeuerwehr in der VR China baute Ziegler dieses Fahrzeug mit der Bezeichnung ,,Preventer 60/60-60". Dabei handelt es sich um ein leistungsstarkes Raffinerie-Löschfahrzeug mit 6.000 l Wasser und 6.000 l Schaummittel.

Der Einbau der Feuerlöschpumpe mit einer Leistung von 6.000 l/min bei 8 bar erfolgte im Fahrzeugheck. Auf dem vorderen Aufbaubereich befindet sich ein elektrisch fernsteuerbarer Schaum-/Wassermonitor mit einer Leistung von 2.000 bzw. 4.000 l/min.

Als Basis dient ein MB Fahrgestell Typ 2636/A41 6x6 mit einer Motorleistung von 261 kW/355 PS.

Mitte 1989 erhielt die Werkfeuerwehr Dow Chemical Rheinwerke GmbH mit Sitz in Rheinmünster von der Firma Rosenbauer auf MB 1922 4x2 ein ULF 1000/2000/1000 Mixmatic (Foto oben und unten).

Das Fahrzeug verfügt über die Löschmittel Wasser (1.000 l), Schaum (2.000 l) und Pulver (1.000 kg). Die Feuerlöschkreiselpumpe vom Typ R 600 PTO hat eine Leistung von 6.000 l/min bei 10 bar, die separate Schaummittelpumpe Typ R 60 mit Hatz-Dieselmotorantrieb bringt 440 l/min bei 16 bar.

Bei der Werkfeuerwehr Böhringer in Mannheim ist seit 1991 ein Rosenbauer TroTLF (Foto links) mit 2.000 l Wasser, 1.500 kg Pulver und 1.000 l Schaum stationiert.

Die kombinierte Pumpe leistet 2.400 l/min bei 10 bzw. 350 l/min bei 40 bar. Der Aufbau des Fahrzeuges erfolgte auf MAN 17.232 F.

An Werkfeuerwehren der chemischen Industrie gingen 1991 ein SLF 8000/2000 Mixmatic (oben) und ein Jahr zuvor ein Pulverlöschfahrzeug (unten):

Rosenbauer baute das SLF auf einen MB 2635 6x4 (260 kW Motorleistung) für die Norsk Hydro/Norwegen auf. 8.000 l Wasser und 2.000 l Schaummittel stehen zur Verfügung, die Normaldruckpumpe vom Typ R 600 erbringt eine Leistung von 6.000 l/min.

Neben zwei Schnellangriffshaspeln im hinteren rechten bzw. linken Geräteraum stehen auf dem Fahrzeugdach noch zwei Monitore Typ RM 60 E für Wasser- und Schaumbetrieb (Leistung maximal 4.000 l/min) zur Verfügung.

In Zusammenarbeit mit der WF BASF entwickelten die Firmen Minimax und Rosenbauer ein speziell auf die Bedürfnisse der Ludwigshafener Wehr konzipiertes Pulverlöschfahrzeug. Als Basis dient in diesem Fall ein MAN Typ 24.362.

Die beiden Löschmittelbehälter können jeweils 3.000 kg Pulver aufnehmen. An beiden Fahrzeugseiten steht jeweils eine Schnellangriffseinrichtung (30 m) und auf einer Hebeplattform zwischen beiden Löschmittelbehältern ein Pulverwerfer (maximale Leistung 50 kg/s, Wurfweite mindestens 50 m) zur Verfügung.

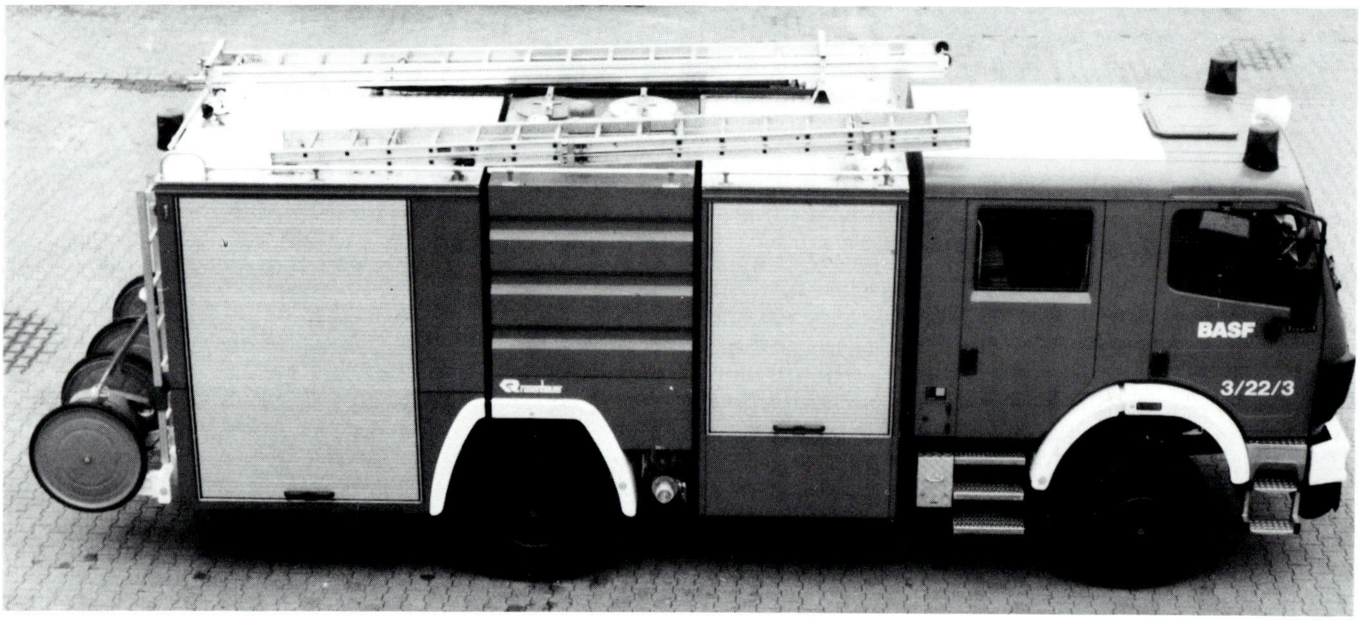

Das SLF 2000/2000 Mixmatic (Rosenbauer-Aufbau, oben) auf MB 1935 AK 4x4 der WF BASF führt die Löschmittel Schaum und Wasser (jeweils 2.000 l) mit. Als Feuerlöschpumpe fand der Typ R 600 Verwendung.

Im Werk Gendorf der Hoechst AG ist ein weiteres Rosenbauer-Fahrzeug (ULF 5000/1000/1500/90) auf MB 2632 6x4 stationiert (unten). Die Zahlen stehen für 5.000 l Wasser, 1.000 l Schaum, 1.500 kg Pulver und 90 kg Halon. Auch bei diesem Typ kam eine R 600-Pumpe zum Einsatz.

Rechts ein weiteres Fahrzeug der Hoechst AG, diesmal mit Ziegler-Aufbau (Fahrgestell MB 2628/41). Der Löschmittelvorrat besteht aus 3.000 l Wasser, 3.000 l Schaum, 1.500 kg Pulver und 100 kg Halon. Die Pumpenleistung beträgt 6.000 l/min.

Für ein Tanklager in Ghana lieferte Rosenbauer 1991 auf Steyr 1491 6x6 ein SLF 10.000 (rechts) mit 9.000 l Wasser und 1.000 l Schaummittel aus.

„Herz“ des Fahrzeuges ist eine R 600 Normaldruckpumpe (6.000 l/min). Neben zwei Schnellangriffseinrichtungen à 40 m steht ein Dachmonitor Typ RM 60 zur Verfügung.

Zum Deutschen Feuerwehrtag 1990 zeigte Rosenbauer auf MAN 26.362 DF ein ULF 8000/2000 der Werkfeuerwehr Degussa/Hanau mit 5.500 l Wasser, 2.500 l Schaum und 2.000 kg Pulver.

Die Leistung der Pumpe Typ R 280 N2 liegt bei 5.200 l/min (8 bar) bzw. 400 l/min (40 bar). Für den Schnellangriff stehen neben dem Wasser-/Schaum-Monitor auf dem Dach vier weitere Einrichtungen (1 x Hochdruck, 2 x Normaldruck und 2 x Pulver) zur Verfügung.

Die Schaumzumischung erfolgt durch das Mixmatic-Druckzumischsystem mit eigenem Hatz-Dieselantriebsmotor.

Ein auf 6 m Höhe ausfahrbarer Lichtmast und ein herausnehmbarer 8 kVA-Generator ergänzen die Ausstattung. In der Fahrerkabine befindet sich eine EDV-Anlage, mittels der alle feuerwehrspezifischen Daten des Werkes abgerufen werden können.

Zwei weitere Rosenbauer-Fahrzeuge gingen 1991 an die WF Hüls und 1992 an die Berufsfeuerwehr Karlsruhe.

In Hüls entschied man sich für einen MAN 17.232 als Basisfahrzeug, in Karlsruhe für den MB 1935 AK 38 4x4.

Das Karlsruher Fahrzeug (oben) ist mit 3.200 l Wasser, 400 l Schaum und einer Kombinationspumpe Typ NH 30 (2.400 l/min bei 8, 400 l/min bei 40 bar) ausgestattet.

Das SLF 4500/200 der WF Hüls führt die Löschmittel Wasser (4.500 l) und Schaum (2 x 1.00 l) mit. Hier arbeitet als ,,Herz" eine Pumpe vom Typ R 600 N 2 (5.000 l/min).

Metz Löschfahrzeuge auf Steyr-Fahrgestell gehören eher zu den Ausnahmen. Eine davon ist das Ende der 80er Jahre gebaute TLF 2000/200 (oben) auf 9 S 14 L33 4x2 mit einem Sonderradstand von 3.800 mm.

Die Lieferung erfolgte an eine Feuerwehr in Polen, mitgeführt werden 2.000 l Wasser und 200 l Schaum. Für den Schnellangriff steht neben dem Dachmonitor eine Hochdruckhaspel mit 40 m Hochdruckschlauch zur Verfügung.

Die Löscheinrichtungen werden von einer Normal- und Hochdruckpumpen-Löschanlage FP 8/8-3/40 versorgt. Die Schaumzumischung erfolgt über einen zwischen Saug- und Druckseite eingebauten Pumpenvormischer PV 100.

Die Vorstellung eines Prototyps TLF 7.600 für Feuerwehren in der damaligen UdSSR — gebaut von Rosenbauer auf Kamaz 53.211 6x4 Allradfahrgestell — erfolgte 1989.

Bei der Realisierung des Fahrzeuges mit 6.900 l Wasser- und 700 l Schaummitteltank galt es eine ganz besonders robuste Bauweise zu wählen, um eine breite Einsatzpalette im Temperaturbereich von plus 50° bis minus 40°C bewältigen zu können.

Die Pumpe vom Typ R 280 leistet 2.400 l/min bei 10 resp. 200 l/min bei 40 bar. Zur Ausstattung gehören ein 5 kVA-Generator und ein auf 5,5 m ausfahrbarer Lichtmast (4 x 1000 W).

Die Werkfeuerwehr der Firma Freudenberg entschied sich 1990 bei der Beschaffung eines Wechselladerfahrzeuges für einen MAN 17.232 F 45 mit kippbarem Serienfahrerhaus.

Rosenbauer stellte den WLA 1 (Wasser und Schaum) in Ganzstahlbauweise her. Mitgeführt werden 1.000 l Wasser und 1.000 l Schaummittel sowie die erforderliche feuerwehrtechnische Ausstattung.

Die kombinierte Normal- und Hochdruckpumpe vom Typ R 280 HN 2 ermöglicht eine Pumpenleistung von 2.800 l/min bei 100 bzw. 320 l/min bei 40 bar. Für die Schaumvorrichtung wird das System RVMA 230 genutzt.

Mit dem Dachmonitor für Wasser-/Schaumeinsatz ist eine Leistung von bis zu 2.400 l/min und eine Wurfweite von bis zu 70 m erreichbar.

Für den Schnellangriff stehen zwei HD-Haspeln mit jeweils 60 m Schlauch zur Verfügung.

Im gleichen Jahr erhielt die Werkfeuerwehr der Raffinerie Holbronn — ebenfalls von Rosenbauer — ein TLF 5000 auf MB 1929/38 4x2.

Die Geräteraumeinrichtung im Aufbau besteht aus speziellen Drehfächern, Gerätetiefräumen und begehbaren Gerätefächern, die eine besser Lagerung und Entnahme der Ausrüstung ermöglichen.

3.000 l Wasser und 2.000 l Schaum stehen in den Löschmitteltanks zur Verfügung, die Normaldruckpumpe leistet 2.000 l/min.

Für den Schnellangriff steht eine Haspel mit 40 m Schlauch und Handschaumrohr sowie der elektronisch fernbedienbare Wasser-/Schaummonitor Typ RM 60 E auf dem Dach zur Verfügung.

GLA 30 WF Bayer Uerdingen

Ausgesprochene Gelenkarm-Löschfahrzeuge sind in Europa sehr selten anzutreffen, in Deutschland gehören sie zu den absoluten Ausnahmen.

Die Werkfeuerwehr Bayer Uerdingen stellte 1989 einen GLA 30 auf MB 2636 6x4 in Dienst, mit dem eine Arbeitshöhe von 30 m realisierbar ist.

Der Gelenkarm stammt von einem der führenden Betonpumpenhersteller, der Firma Schwing. Den Fahrzeugaufbau fertigte Rosenbauer.

Das Fahrzeug ist mit zwei Schaummittelbehältern (jeweils 1.000 l) und einer 6.000 l/min leistenden Pumpe ausgestattet. Die Steuerung der Pumpe, des Monitors sowie der Löscharmfunktionen kann funkferngesteuert erfolgen.

Ebenfalls über einen Löscharm (20 m) verfügt das Rosenbauer TLF der WF OMW Karlsruhe (unten). Der Aufbau erfolgte auf MB 2228/38 6x2, die Pumpe leistet 6.000 l/min.

Die Auslieferung eines Universal-Löschfahrzeuges 10.000/1.000 an die Werkfeuerwehr der Raffinerie Agoco Oil/Libyen durch Rosenbauer erfolgte im Jahr 1991.

Auf Basis des MB 2636 AK41 6x6 mit Automatikgetriebe entstand ein Fahrzeug für eine Besatzung von 1:2. Mitgeführt werden 5.000 l Wasser, 5.000 l Schaum und 1.000 kg Pulver.

Die Feuerlöschpumpe vom Typ R 600 hat eine Leistung von 6.000 l/min bei 12 bar. Die Schaummittelpumpe Typ R 50 wird vom Fahrzeugnebenabtrieb angetrieben und ist als Hochdruckpumpe (400 l/min bei 37 bar) im Wasserbetrieb nutzbar.

Zwei Hochdruck-Schnellangriffseinrichtungen stehen im Fahrzeugheck zur Verfügung. Auf dem Dach befinden sich ein Schaum-/Wasserwerfer (6.000 l/min) und ein Pulverwerfer (40 kg/s).

8.000 l Schaummittel führt ein 1989 an die Werkfeuerwehr OMW (Karlsruhe) auf Basis des MB 2228 6x2 ausgeliefertes SLF (Aufbau: Rosenbauer) mit. Die Feuerlöschkreiselpumpe hat eine Leistung von 6.000 l/min, die Schaumzumischung erfolgt mittels Mixmatic-System.

Bei diesem bereits mehrfach im Zusammenhang mit Rosenbauer-Fahrzeugen genannten System handelt es sich um eine Feuerlöschkreiselpumpe, ein Motor-Schaummittel-Pumpenaggregat, eine vollautomatisch arbeitende Druckregeleinrichtung und den an jedem Druckausgang eingebauten Druckzumischer. Dadurch ist beispielsweise die Schaumproduktion zur Brandbekämpfung und ein gleichzeitiger Kühleinsatz mit Wasser möglich.

Die Schaummittelzumischung kann individuell ein- oder ausgeschaltet bzw. zwischen zwei Zumischraten während des Betriebes gewählt werden. Ein Differenzdruckventil sorgt für einen immer konstanten Druckunterschied zwischen Wasser- und Schaummitteldruck. Die herkömmlichen manuellen Betätigungen entfallen.

Teleskopbühnen oder Gelenkmastfahrzeuge sind — wie die Löscharm-Fahrzeuge — bei deutschen Feuerwehren sehr selten anzutreffen. Die meisten dieser Spezialgeräte finden sich in den Fuhrparks der Werkfeuerwehren.

Dazu gehört auch der Bronto Skylift 31-3 der WF Hoechst AG Werk Frankfurt/Main Griesheim auf MB 2222 6x4.

Die Teleskopbühne des finnischen Aufbauherstellers ist sowohl für den Einsatz im Bereich der Technischen Hilfeleistung als auch für die Brandbekämpfung geeignet. Zur Ausstattung gehören eine zweistufige Ziegler Feuerlöschkreiselpumpe Typ FP 16/8 und ein 15 kVA Generator.

Der Arbeitskorb hat eine maximale Tragkraft von 400 kg. Alle Bewegungen können sowohl vom Korb als auch vom Bedienstand am Drehturm gesteuert werden. Innerhalb der Hubarme wird eine 3" Wasserleitung zum Monitor am Korb geführt.

WERKFEUERWEHR HOECHST AG WERK GRIESHEIM
BRONTO SKYLIFT 31-3

WERKFEUERWEHR HOECHST AG WERK GRIESHEIM
BRONTO SKYLIFT 31-3
FEUERWEHR

Speziell für den Einsatz bei der Brandbekämpfung in hohen Chemieanlagen und Gebäuden entwickelte die Firma Metz diese DLK 37-S. Der Aufbau erfolgte auf MB 3336/45 8x4 (Antrieb auf beiden Hinterachsen).

Mit der Leiter — es handelt sich dabei um den Standard-Leitersatz der DL 44 ohne 6. Leiterteil — ist eine Arbeitshöhe von 37 m erreichbar. Der Rettungskorb an der Spitze hat eine Tragkraft von 450 kg. Er ist zusätzlich mit einem Atemluftanschluß (4 Druckflaschen je 6 l Inhalt) ausgestattet.

Der Monitor an dem Korb mit einer Leistung von 5.000 l/min (auch für Schaumeinsatz geeignet) wird von einer Feuerlöschkreiselpumpe Typ 40/10 mit einer Leistung von 5.000 l/min versorgt.

Zwischen den Geräteraumaufbauten links und rechts über der Vorderachse erfolgte die Anordnung eines Schaummittelbehälters (1.800 l Fassungsvermögen).

In der Mannschaftskabine hinter diesem Bereich finden zusätzlich zu den drei Personen in der Fahrerkabine sechs Mann Platz.

Die Indienststellung bei der Werkfeuerwehr Sandoz AG erfolgt 1986.

In der Mannschaftskabine hinter dem Geräteraum finden sechs Feuerwehrangehörige Platz

Die Wasserzuführung vom Podium zum Monitor erfolgt über ein Teleskop entlang des Leitersatzes

Ein absolutes Novum im Fuhrpark einer deutschen Freiwilligen Feuerwehr stellt die Hubarbeitsbühne ,,Elevant WS 320 F" der Gemeinde Haar/Oberbayern dar.

1989 lieferte die Wumag GmbH das Fahrzeug auf MB 222 6x4 aus. Mit einer der Gründe für die Beschaffung war das im Einsatzbereich liegende größere Klinikum.

Der auf 32 m ausfahrbare Teleskoparm der Bühne ist zusätzlich mit einer seitlich angebauten Leiter versehen.

Der für vier Personen ausgelegte Arbeitskorb ermöglicht eine maximale Korblast von 400 kg. Die Steuerung desselben kann sowohl vom Bedienstand im Korb, als auch von einem zweiten Bedienstand am Drehtisch erfolgen.

Die Kommunikation zwischen Arbeitskorb und Steuerstand am Drehtisch wird über eine Wechselsprechanlage sichergestellt.

Der Drehtisch ist in beide Richtungen endlos drehbar. Elektro- und Hydraulikleitungen werden durch Schleifringkörper und Drehdurchführungen geführt.

3,90 m Durchfahrhöhe benötigt das Fahrzeug

Die Löschwasserzuführung erfolgt über ein Sammelstück mit Rückschlagklappe an der rechten Hinterseite des Trägerfahrzeuges.

Die Leitung führt durch die Drehdurchführung im Drehtisch und am Armsystem zum Korb. Sie ist für eine max. Leistung von 2.400 l/min und einen Eingangsdruck von 10 bar ausgelegt.

Im Wasserleitungssystem erfolgte die Installation von Vorrichtungen, die ein Vakuum oder einen Überdruck beim Ein- bzw. Ausfahren der Teleskoparme verhindern.

Zusätzlich zum Teleskoparm verfügt das Fahrzeug über eine seitlich angebaute Leiter

Max. auf 32 m kann der Korb ausgefahren werden

Als erste Werkfeuerwehr in Deutschland erhielt die Deutsche Shell AG (Raffinerie Köln-Godorf) im Jahr 1985 eine 50-m-Gelenkmastbühne des finnischen Herstellers Bronto.

Der Teleskopmast wurde auf ein modifiziertes Iveco-Magirus Fahrgestell Typ 310 D 28 (37) FK 8x4x4 aufgebaut.

Um eine möglichst niedrige Gesamtfahrzeughöhe zu erreichen, versetzte man das für eine Besatzung von 1:2

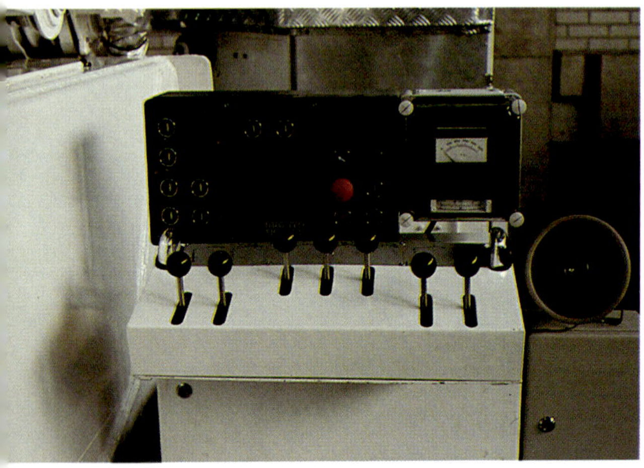

Bedienstand

Korb mit Kombi-Schaum-/Wassermonitor

ausgelegte Fahrerhaus vor die Vorderachse. Die so erzielte Transporthöhe liegt bei 3,97 m.

Die eingebaute einstufige Turbinenpumpe — das Fahrzeug verfügt über keinen Löschmitteltank und ist auf Fremdversorgung angewiesen — von Magirus Typ FP 40/7 hat eine Leistung von 4.000 l/min bei 7 bar.

Atemluftanschluß im Korb und ein Anschluß für die Versorgung von Elektrowerkzeuge gehören zur Ausstattung.

Stromaggregat

Feuerlöschpumpe

Vorausgeräte- oder Vorausrüstwagen gehören heute bei vielen Feuerwehren zum Fuhrpark. Diese geländegängigen Fahrzeuge in PKW-Größe können in ihrem Kombiaufbau in beschränktem Rahmen Geräte für die technischen Hilfeleistung bis hin zur Personenbergung ebenso mitführen, wie für die Bekämpfung von Entstehungsbränden.

Erstmals wurde ein solches Fahrzeug 1974 von der BF Stuttgart unter der Bezeichnung „Schnellbergungswagen" in Dienst gestellt.

In Dietzenbach entschied man sich 1985 unter Berücksichtigung der Faktoren Anschaffungspreis bei einem Neufahrzeug, Sonderausstattung nach den ortsspezifischen Gegebenheiten und Nutzung der eigenen Werkstätten für den Bau eines solchen Fahrzeuges in Eigenregie.

Als Basis diente ein gebrauchter Range-Rover, der zunächst wegen der vorgesehenen Beladung mit verstärkten Federn und Stoßdämpfern ausgestattet werden mußte.

Da die kleine Besatzung eines solchen Ersteinsatzfahrzeuges auf möglichst umfangreiches Informationen angewiesen ist und für Funkrückfragen kaum Zeit bleibt, suchte man auch hier nach einer neuen Lösung.

Gefunden wurde sie in der Nutzung eines Kleincomputers mit Bildschirm und Drucker, der neben allgemeinen Informationen aller Art auch eine Gefahrstoff-Datenbank enthielt.

Eine umfangreiche feuerwehrtechnische Beladung galt es die verschiedenen Aspekte des Ersteinsatzes zu berücksichtigen. Neben zahlreichen Kleingeräten erfolgte die Installation von:

- 1 hydraulischen Rettungssatz zum gleichzeitigen Anschluß von zwei Hydraulik-Geräten mit wechselweisem Betrieb
- 1 Spreizer SP 30
- 1 Schneidgerät S 90 (zusammen mit dem Spreizer über Schnellangriffseinrichtung einsetzbar)
- 1 Stromerzeuger 5 kVA
- 1 festeingebaute Trockenlöschanlage (50 kg Pulver) mit Schnellangriffsleitung
- 1 festeingebaute Halonlöschanlage mit 30 m Schnellangriffsleitung (zum damaligen Zeitpunkt waren die Probleme mit dem Löschmittel Halon noch weitgehend unbekannt).

Der Einbau der EDV-Anlage erfolgte zwischen Fahrer- und Beifahrersitz

Rettungssatz und Stromerzeuger im Fahrzeugheck

1990 entwickelte die Firma Barth einen Vorausrüstwagen auf Basis des VW Syncro in Allradversion (Bild links).

Hydraulischer Rettungssatz und eine Light-Water-Löschanlage gehören zur Standard-Ausstattung.

Der Fahrzeugtyp wurde unter anderem auch nach Rußland verkauft.

Die Frage der Nachschubsicherung (Atemschutzgeräte, Schlauchmaterial etc.) führte bei der Freiwilligen Feuerwehr Wallrabenstein 1992 zum Bau dieses GW-Nachschub (rechts) auf DAF Doppelkabiner (Pritsche).

Ebenfalls in Eigenregie baute die FF Rottweil 1988 einen Vorausgerätewagen (links). Auch dieses Fahrzeug ist mit Rettungssatz und Light-Water-Anlage ausgerüstet.

Erstmals fand als Basisfahrzeug ein VW Syncro mit ABS bei einer Feuerwehr in Deutschland Verwendung.

Im Rahmen eines Gesamtkonzeptes zur Thematik Gefahrguteinsätze entwickelte die Feuerwehr Ulm 1988 dieses Schnelleinsatzfahrzeug Chemie auf Range Rover.

Vorgesehen ist es speziell für Meß- und Analyseaufgaben in der Erstphase.

Neben einer umfangreichen Literatursammlung und einigen Kleinwerkzeugen werden Vollschutzanzüge, Atemschutzgeräte und -masken, Kontaminationsschutzanzüge

Die umfangreiche Beladung des Schnelleinsatzfahrzeuges Chemie

Heckansicht mit Atemschutzgerätelagerung

sowie verschiedene Testkoffer (Gas, Chlor etc.) mitgeführt.

Die Schutzanzüge sind auf einem ausziehbaren Schlitten im Heckbereich gelagert, die Preßluftatmer befinden sich in einer Drehhalterung.

Im Januar 1986 stellte Iveco-Magirus die beiden neuen Rüstwagen Schiene/Straße (RW-Schiene) vor.

Bei diesen Fahrzeugen handelt es sich um die weiter verbesserten Nachfolgemodelle der ersten beiden RW-Schiene, die bereits 1970 bzw. 1972 in Dienst gestellt wurden.

Der Fahrzeugtyp dient gleichzeitig als Rüst- und Löschfahrzeug, kann aber auch als Transportfahrzeug für verletzte Personen aus Tunnelanlagen genutzt werden.

Als Basisfahrzeug wählte die BF den Typ 320 M 19 FLK (190-32 A).

Etwa 45 bis 60 Sekunden werden für den Aufgleisvorgang in der Praxis benötigt. Bei der Fahrt über die Gleise übernimmt der zweiachsige Gleissatz die Spurführung.

Der Geräteaufbau ist mit 1,4 m (bei 2,5 m Fahrzeugbreite) relativ schmal gehalten und beidseitig mit 55 cm breiten Laufstegen versehen. Von ihnen aus kann die Ausrüstung auch in den engen U- und S-Bahnröhren entnommen werden. Am Heck befindet sich eine Meiller-Ladebordwand.

Fest eingebaut wurde ein 20 kVA Generator zur Stromversorgung der Beleuchtungseinrichtungen sowie der Rettungs- und Hilfeleistungsgeräte. Insgesamt fünf Flutlichtscheinwerfer sorgen für eine ausreichende Umfeldbeleuchtung.

Die Aufgleisvorrichtung von Schörling

8 baugleiche SRF lieferte Rosenbauer 1990 an Feuerwehren in Niederösterreich aus

Schwere Rüstfahrzeug ergänzen in Österreich den Fuhrpark vieler Feuerwehren. Sie sind unter anderem mit einem 20 kVA Einbaugenerator, Lichtmast, hydraulisch betriebener Rahmenseilwinde, hydraulischem Ladekran im Fahrzeugheck und einer Abschleppeinrichtung ausgestattet.

Der Aufbau der hier gezeigten Beispiele erfolgte auf Steyr 15 S 23 4x4 durch Rosenbauer bzw. auf Steyr 791.210 4x4 durch Marte in Vorarlberg.

Die Beladung des SRF (im Bild Marte-Fahrzeug) ist in Gruppen angeordnet

Am Fahrzeugheck befindet sich ein Palfinger-Kran mit Abschleppgalgen

Heruntergezogene Geräteräume erleichtern die Entnahme schwerer Geräte

Wie kann man ein älteres, vorhandenes Fahrgestell weiterhin nutzen und trotzdem optimieren? Vor dieser Frage standen die Führungskräfte der BF Stralsund, als es in der Phase nach der Wende um die Beschaffung eines Gerätewagens Wasser ging.

Aus Kostengründen kam der Kauf eines völlig neuen Fahrzeuges nicht in Frage, es mußte auf ein vorhandenes Robur LO 2002 4x4 Fahrgestell aus dem Jahr 1977 zurückgegriffen werden.

So entstand der Plan, dieses Fahrzeug mit einem — auch nach Austausch des Fahrgestells weiterhin nutzbaren — Kofferaufbau auszurüsten.

Gefertigt wurde er in Vollkunststoff-Bauweise von der Firma GST mit Sitz in Eppelheim bei Heidelberg.

Zur Ausrüstung des Fahrzeuges gehören neben den Tauchgeräten und der entsprechenden Bekleidung auch diverse Werkzeuge sowie Meßgeräte.

In den Unterflurkästen ist das Zubehör für ein Schlauchboot eingelagert, im Motorraum fand anstelle der bisher dort gelagerten Vorbaupumpe ein 5 kVA-Generator Platz.

Nach den politischen Veränderungen in der ehemaligen DDR stellte sich für die dortigen Feuerwehren vor allem das Problem der Zunahme von technischen Hilfeleistungen. Es fehlte aber gerade für diesen Zweck an speziellen Einsatzfahrzeugen zum Transport der erforderlichen Ausrüstung wie hydraulische Rettungssätze, Hebekissen etc.

Sozusagen als Notlösung vergab das Bundesamt für Zivilschutz in Zusammenarbeit mit der Abteilung „Gemeinsame Länderangelegenheiten", Referat Brand- und Katastrophenschutz an das Feuerlöschgerätewerk Luckenwalde den Auftrag, auf vorhandene Robur LO 2002 A Fahrgestelle einen Hilfsrüstwagen (HRW 1) aufzubauen.

Dieser Fahrzeugtyp (siehe oben) mit Allradantrieb und Motorseilwinde entspricht in etwa einem RW 1 nach DIN. Von Dezember 1990 ab erfolgte die Auslieferung der ersten Einheiten, die sich im praktischen Betrieb später aber als echte „Notlösungen" erwiesen.

Zwei sicher nicht ganz alltägliche Fahrzeuge sind das Sprengdienstfahrzeug des Landesfeuerwehrverbandes Niederösterreich und der Werkstattwagen der BF Stuttgart:

Das Sprengdienstfahrzeug auf Basis des MB 310 4x4 entstand 1988 in den Werkstätten der Firma Hötzl. Mitgeführt wird die gesamte Ausstattung die für den Sprengdienst beispielsweise nach Treibeisansammlungen etc. erforderlich ist.

Der Werkstattwagen auf MB 207 entstand in Eigenregie und transportiert die für Fahrzeugwartung notwendigen Materialien.

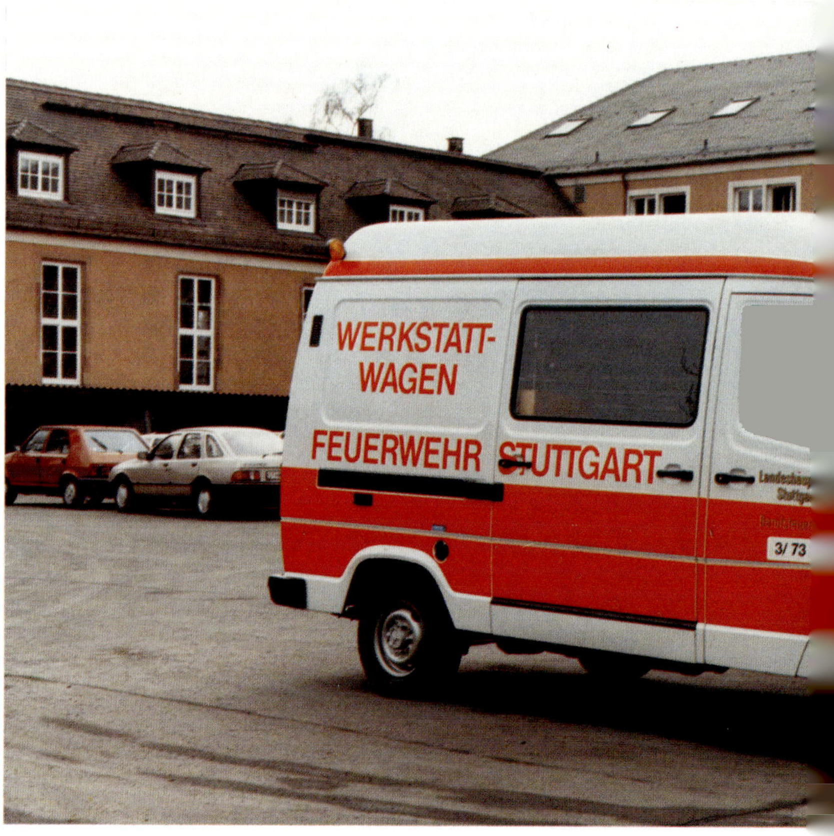

Das Ölspur-Wasch-Saug-Fahrzeug entlastet die Feuerwehr bei der Beseitigung von Ölspuren. Es ist für den 1-Mann-Betrieb ausgelegt.

Die Waschanlage im Betrieb

Viel Beachtung fand 1988 die Präsentation eines Ölspur-Wasch-Saug-Fahrzeuges (ÖWSF) der Firma Schörling. Es wurde auf der Basis des Kompaktfahrzeuges MTIV entwickelt, wie es von der Straßenreinigung her bekannt ist.

Mit V-förmig angeordneten Waschbalken vor und unter dem Fahrzeug wird mittels Hochdruck eine Waschlösung auf die Straße gebracht, die einen Ölfilm auflöst.

Die Waschanlage hat eine Arbeitsbreite von maximal 1.650 mm. Mit einem Wasservorrat von rund 700 l im Fahrzeug und 65 l Bindemittel können Ölspuren von durchschnittlich einem Meter Breite bis zu einer Länge von 1.000 m (je nach Stärke der Ölschicht) beseitigt werden.

Eine Markise auf der rechten Fahrzeugseite dient als Wetterschutz

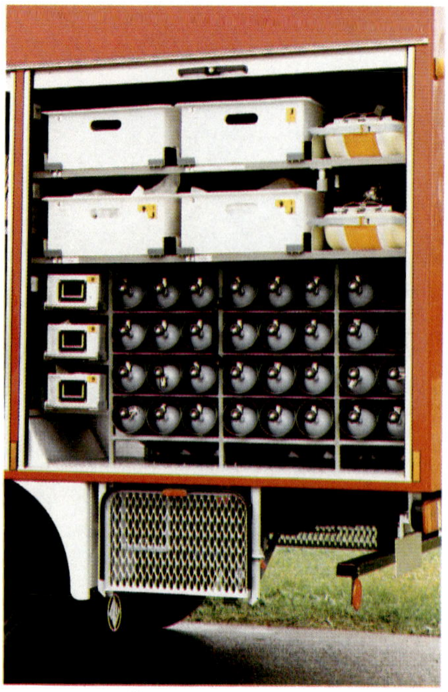

Ein Teil der Ersatzflaschen

Im Landkreis Konstanz ist dieser GW-Atemschutz/ Strahlenschutz seit 1987 stationiert.

Aufgebaut wurde das Fahrzeug von der Firma Ziegler auf MB 1117.

Neben einer umfangreichen Ausstattung für Meßeinsätze werden Kreislaufgeräte, Preßluftatmer und Ersatzflaschen sowie Masken und Filter mitgeführt.

Ein gesonderter Meß- und Überwachungsraum dient unter anderem zur Unterbringung der Dosis-Meßgeräte und diverser Prüfröhrchen.

Für den Wintereinsatz ist dieses Fahrzeug zusätzlich mit pneumatisch gesteuerten Schneeketten ausgerüstet.

Der Innenraum des GW-AS wird als Meß- und Überwachungsraum genutzt. Hier befindet sich auch die komplette Strahlenschutzausrüstung

Mitte der 80er Jahre entstand im Kanton Zürich/Schweiz ein neues Öl-/Chemiewehrkonzept. Danach soll innerhalb von 30 Minuten an jeder Stelle des Kantons ein Spezialfahrzeug zur Schadensbeseitigung eintreffen.

In den insgesamt 12 derartigen Stützpunkten wurde unter anderem das hier gezeigte, bereits optisch durch seine gelbe Lackierung mit violetter Bauchbinde auffallende Fahrzeug mit der Bezeichnung „C 85" (Chemieschutzfahrzeug 85) stationiert.

Aufgebaut wurde das Fahrzeug von der Firma Rusterholz AG auf ein allradgetriebenes MB-Fahrgestell Typ 1428 AG „CH". Das Fahrzeug verfügt über Automatikgetriebe und Servolenkung.

Die umfangreiche Beladung für die Aufgabenbereiche Absperren, Abdichten, Auffangen und Aufnehmen von Chemikalien aller Art wurde in insgesamt 11 Geräteräumen untergebracht.

Der gesamte Aufbau besteht aus einer verschweißten Stahl-Profilkonstruktion.

Im Fahrzeugheck befindet sich eine Aufstiegsleiter zum begehbaren Dachbereich. Eine Säurepumpe sowie ein Notstromaggregat können mittels des im Heck eingebauten Schwenkarmes abgeladen werden.

Die Raumaufteilung erfolgte nach den Richtlinien der Gebäudeversicherung des Kantons. 50 Kunststoff-Behälter, verschiebbar auf Führungen angeordnet, mit einem Fassungsvermögen von 90 und 60 l zur Aufnahme von Flüssigkeiten finden darin Platz.

Zur Ausrüstung gehört funkenfreies Werkzeug, Abschöpfgeräte, Meßgeräte und persönliche Schutzausrüstung für die Einsatzkräfte. Auch Atemschutzgeräte sowie Vollschutzanzüge fehlen nicht.

Der 1985 erstmals auf Basis des MB 1120 von der Firma Ziegler vorgestellte GW-Gefahrgut (Foto oben) ist unter anderem mit Umfüll-, Tauch und Behälterpumpen, saug- und druckseitigem Zubehör, Auffangbehältern sowie einem 8 kVA Stromerzeuger ausgestattet.

Der RWG 2 der Freiwilligen Feuerwehr Neu Isenburg (Aufbau Rosenbauer, MAN 17.232 FA 45) beinhaltet weitgehend die Normbeladung der Typen RW 2 und GW-G 2. Das Fahrzeug — es wurde 1993 erstmals einem größeren Publikum präsentiert — verfügt über einen 20 kVA Generator, Treibmatic-Seilwinde und Lichtmast am Heck.

Der RWG 2 der FF Neu Isenburg wurde unter Verzicht auf Zuschüsse des Landes von der Gemeinde in Eigenregie finanziert. Durch die Kombination RW/GW ergaben sich trotzdem finanzielle Einsparungen, da bei Norm-Fahrzeugen zwei Fahrzeuge hätten beschafft werden müssen

Im März 1990 stellte die Werkfeuerwehr Weinheim der Unternehmensgruppe Freudenberg einen Gerätewagen 3-G Umweltschutz in Dienst.

Der Aufbau stammt von Rosenbauer, als Fahrgestell wurde ein MAN 14.232 F genutzt.

Das Fahrzeug wird zur technischen Hilfeleistung, zur Unterstützung in Brandfällen und bei Rettungseinsätzen sowie zur allen Vorfällen, die in Verbindung mit Gefahrstoffen stehen herangezogen.

Entsprechend umfangreich ist die Beladung, wie auf den Fotos erkennbar.

1986 stellte die BF Frankfurt/Main einen Atemschutzwerkstattwagen (AWW) und den Gasschutzwagen (GSW) in Dienst.

Der AWW auf Basis des MB 814 dient in erster Linie dazu, eingesetzte Atemschutzgeräte vor Ort wieder einsatzbereit zu machen. Zusätzlich ist er mit Spezialgeräten für den Einsatz im Kanalnetz oder Überdruckbaustellen ausgerüstet.

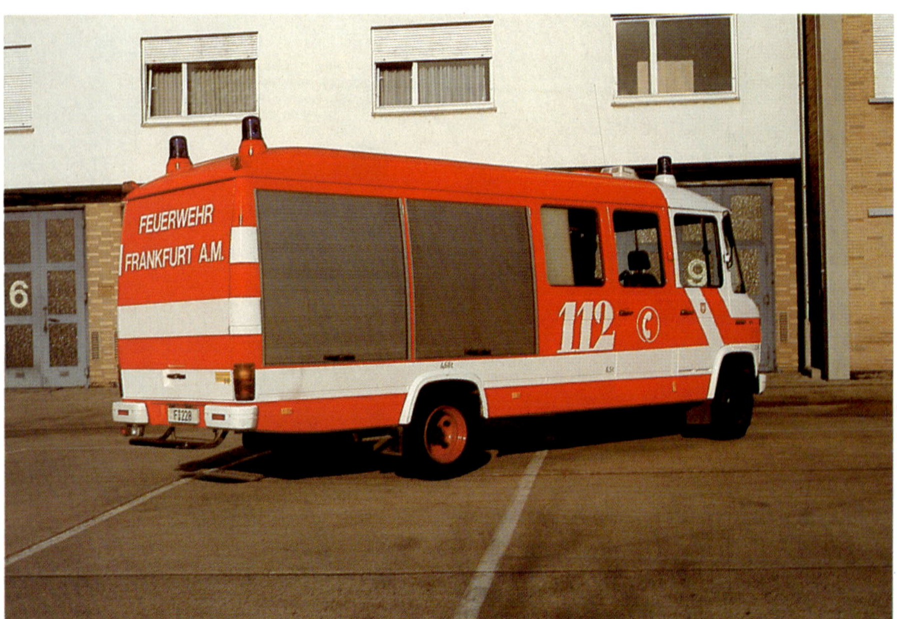

Gasschutzwagen (GSW)

Atemschutzwerkstattwagen (AWW)

Der Aufbau in Spezial-Leichtbauweise erfolgte bei der Firma Friedrichs.

Den Um- und Ausbau des GSW auf MB L 608 D führte die Karosseriefabrik Biberach durch. Dieses Fahrzeug ist hauptsächlich für den Einsatz bei Chemieunfällen vorgesehen.

Zur Ausrüstung gehören Vollschutzanzüge, Atemschutzgeräte und die erforderliche Meßtechnik.

Bei der Werkfeuerwehr BASF ist der hier gezeigte TUIS-Rüstwagen seit 1991 stationiert.

TUIS steht für das Transport-Unfallinformations- und Hilfeleistungssystem der chemischen Industrie, welches in seiner dritten Stufe auch technische Hilfe an einem Unfallort außerhalb des Werksgeländes beinhaltet.

Die Aufbaukonstruktion wurde von der Firma Zikun Fahrzeugbau entworfen. Das Basisfahrzeug vom Typ MAN 19.362 ist mit ABS, ASR, Druckluft-Fremdeinspeisung und 220 V Stromeinspeisung zur Ladeerhaltung ausgestattet.

Bei den Geräteraumverschlüssen erfolgte die Nutzung des von Getränkeliefer-Fahrzeugen her bekannten „Swing-Lift-Board-Systems“.

Ein 75 kVA-Generator ermöglicht im Falle eines Stromausfalles den Lastenaufzug im BASF-Hochhaus (20 Stockwerke) zu betreiben.

Zur Ausstattung gehören auch eine Treibmatic TR 080 Seilwinde und ein zwischen Aufbau und Führerhaus angeordneter Lichtmast.

Die umfangreiche Beladung ist für Einsätze im und außerhalb des Firmengeländes ausgelegt.

Der Rüstwagen TUIS wurde mit dem Swing-Lift-Bord-System bei den Geräteraumverschlüssen ausgestattet

Aus Gründen des Unfallschutzes erfolgte eine Reduzierung der Dachbeladung

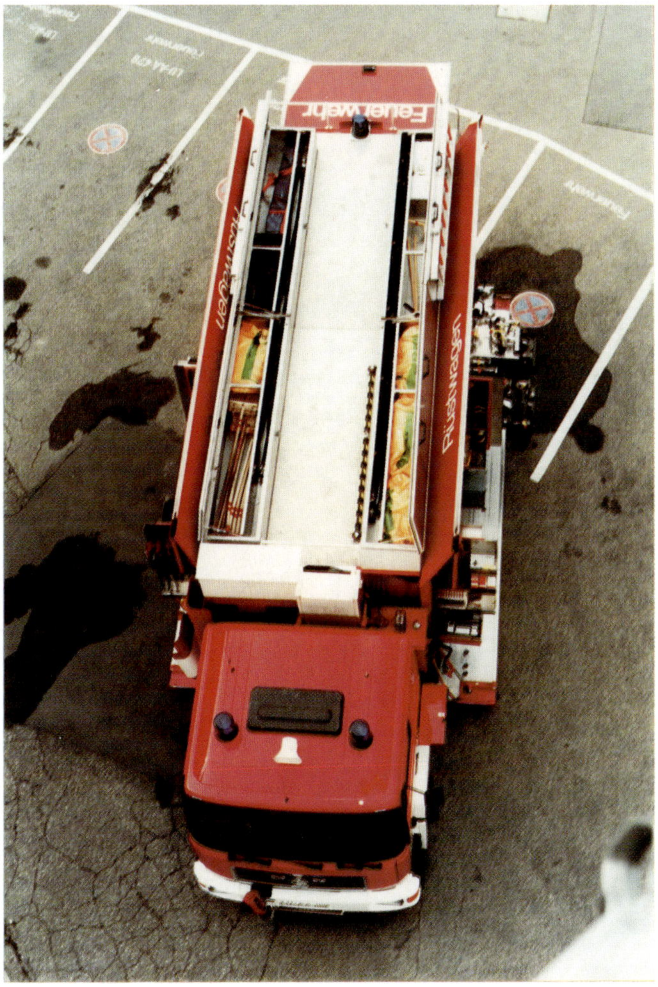

Fragen der Kommunikation spielen im Einsatzfall eine wesentliche Rolle. Der Weg über eine Leitstelle kann sich dabei unter Umständen als zeitraubend und problematisch — vor allem dann, wenn von vielen Stellen aus gleichzeitig Funkkontakt gesucht wird — erweisen.

Es gilt also die benötigte Technik mobil vor Ort, in unmittelbarer Nähe der Brand- oder Unfallstelle bereitzuhalten.

Zu diesem Zweck entwickelten die Aufbauhersteller Einsatzfahrzeuge unterschiedlicher Größe. Sie sind mit den erforderlichen Kommunikations- und Nachrichtenmitteln, aber auch Nachschlagwerken etc. ausgestattet. Ein kleiner Besprechungsraum dient der vor neugierigen Blicken geschützten Lageauswertung.

Der im Bild gezeigte ELW 2 auf MB 814 (Aufbau: Ziegler) wurde 1990 von der FF Friedrichshafen in Dienst gestellt.

Großraumbusse wie dieser Neoplan Jetliner Typ N 214 der Berufsfeuerwehr Frankfurt/Main sind als MTW 3 oder als Betreuungsfahrzeug — z.B. zur notdürftigen Unterbringung von kurz- oder mittelfristig evakuierten Personen — vorgesehen.

Während größere Berufsfeuerwehren bei der Beschaffung meist auf Neufahrzeuge zurückgreifen können, halfen sich in der Vergangenheit selbst kleinere Freiwillige Feuerwehren durch die Übernahme und den Umbau älterer Stadt- und Reisebusse.

Nicht selten finden Feuerwehren extreme Einsatzbedingungen schon bei der Anfahrt zur Einsatzstelle vor. Manchmal müssen selbst Allradfahrzeuge dann „kapitulieren".

Aber auch für solche Zwecke gibt es Spezialkonstruktionen, wie z.B. das Hägglunds-Raupenfahrzeug BV 206 D.

Bereits 1974 begann das schwedische Unternehmen mit der Entwicklung zunächst ausschließlich für militärische Zwecke.

Bis zu sechs Mann Besatzung können mitfahren. Auch Wasser oder Treppen stellen kein Problem dar

Nach weiteren ausführlichen Erprobungen erhielt Anfang der 80er Jahre erstmals eine Feuerwehr ein solches Fahrzeug.

In Deutschland beschaffte die BF Frankfurt/Main den Fahrzeugtyp, der sogar schwimmen oder über Treppenstufen klettern kann.

Das Vier-Raupen-Fahrzeug mit einem Bodendruck von nur 0,12 km/cm² (dies entspricht der Hälfte des Bodendrucks eines menschlichen Fußes) ist durch ein Wechselaufbausystem (Anhänger) vielfältig einsetzbar.

Ein Container-System auf Anhänger ermöglicht eine vielseitige Nutzung

Der Krupp-Teleskopkran KMK 3030 F der BF Frankfurt/Main, 1993 offiziell übergeben, stellt bereits die dritte Generation der Kranfahrzeuge dieser Wehr dar.

Das Fahrzeug mit einer maximalen Tragfähigkeit von 30 t wird von einem MAN 8 Zylinder-Motor (300 PS) angetrieben und erreicht eine Höchstgeschwindigkeit von 70 km/h (Steigfähigkeit: 43%).

Zur Ausstattung gehören der elektronische Lastmomentbegrenzer, eine Abschleppeinrichtung (60 kN) mit hydraulisch verstellbarem Galgen und eine Rotzler-Seilwinde Typ TR 200 mit einer Zugkraft von 200 kN und 75 m Seillänge.

Mit Allradlenkung benötigt der Kran einen Wenderadius von 9,3 m

Seit 1985 ist bei der Berufsfeuerwehr Wien ein Liebherr-Kran vom Typ LT 1030 im Einsatz (oben).

Angetrieben wird das Fahrzeug von einem 320 PS starken KHD-Motor. Der Teleskopausleger ermöglicht eine maximale Hubhöhe von 17 m sowie einen Aktionsradius von 14 m. Zusätzlich ist der Ausleger mit einer hydraulisch ausfahrbaren Abschleppeinrichtung verbunden, die der Bergung von Fahrzeugen bis zu 8 t Gewicht dient.

Im gleichen Jahr erhielt auch die BF Augsburg einen solchen Kran. Er wird von einem 288 PS starken Dieselmotor angetrieben.

Durch Permanent Allradantrieb, der längs und quer für beide Achsen sperrbar ist, sowie durch großvolumige Bereifung mit grobstolligem Geländeprofil ist eine optimale Geländetauglichkeit gewährleistet.

Auch dieser Kran verfügt über eine Treibmatic (Typ TR 080) vorne am Fahrzeugrahmen und über eine zweite Einrichtung dieser Art (TR 200) am Fahrzeugheck.

In der Stadt und im Landkreis Offenbach sind die beiden hier gezeigten Kranfahrzeuge stationiert. Die FF Dietzenbach stellte 1986 einen 30-Tonnen-Kran der Firma Krupp in Dienst, die BF Offenbach beschaffte 1989 einen KMK 3040 des gleichen Herstellers mit einer maximalen Leistungsfähigkeit von 35 Tonnen.

Die sicherlich nicht alltägliche Stationierung eines 30-Tonnen-Krans bei einer Freiwilligen Feuerwehr ergab sich, nachdem dort ein aus US-Beständen stammender Kran auf GMC Baujahr 1958 ausgemustert werden mußte. Eine Fahrzeug-Neubeschaffung kam aus Kostengründen (Stückpreis etwa 650.000 DM) nicht in Frage, bedingt durch die bisherigen

Einsatzerfahrungen wurde aber wieder ein Kranfahrzeug benötigt. Die Lösung:

Ein gebrauchtes Kranfahrzeug Baujahr 1983 wurde durch die Firma Helmig vollständig überholt und den speziellen Bedürfnissen der Feuerwehr angepaßt. Mit einer Fahrleistung von 10.000 km und 1.200 Betriebsstunden konnte es anschließend als fast neuwertig eingestuft werden.

Der KMK 3040 der BF Offenbach ist neben der feuerwehrspezifischen Ausstattung auch mit dem ,,Mega-Track-System" (Einzelsteuerung aller Räder) ausgestattet. Auch dieses Fahrzeug kam als Ersatz für einen alten 20 Tonnen-Kran.

Großkettenfahrzeuge für Feuerwehrzwecke gehören zu den besonders ungewöhnlichen Einheiten:

Nach den politischen Veränderungen im Ostblock standen eine Vielzahl von relativ neuen Panzerfahrzeugen zur Verfügung, die nicht mehr benötigt wurden. Die Experten verschiedener Unternehmen suchten nach weiteren Nutzungsmöglichkeiten und „entdeckten" dabei auch die Feuerwehr.

Die System-Instandsetzung- und Verwertungsgesellschaft (SIVG) und die Fahrzeugbau und Umwelttechnik (FUG) in Neubrandenburg — beide Unternehmen sind im Bereich der Konversion (Nutzung militärischer Technik für zivile Zwecke) sehr aktiv — bauten auf ein Panzerfahrgestell des T 55 das Abgaslöschfahrzeug (AGLF) „Hurrikan" auf.

Der starke Abgasstrahl des genutzten MIG 21 Düsentriebwerkes verteilt Wasser in kleine Tröpfchen. Zusammen mit einem inerten Medium wird dieser Strahl auf die Brandstelle (z.B. brennendes Erdgas oder Erdöl aus einem Bohrloch) aufgebracht. Innerhalb weniger Sekunden wird die Flammensäule so von der Sauerstoffversorgung abgeschnitten und erlischt.

Darüberhinaus hat der Abgasstrahl eine stark kühlende Wirkung auf die betroffene Sonde und verhindert Rückzündungen. Bewährt hat sich diese Technik unter anderem bei den Erdölquellenbränden in Kuwait.

Der Kraftstoffvorrat (250 l Diesel Basisfahrzeug, 3.500 l Kerosin Triebwerk) ermöglicht einen Aktionsradius von mindestens 100 km bzw. einen Einsatz des Triebwerkes von mindestens einer Stunde.

Die Motorleistung dieses „Giganten auf Ketten" liegt bei 450 kW/580 PS, 50 km/h Höchstgeschwindigkeit sind erreichbar. Das Fahrzeug hat ein Gesamtgewicht von 37 t.

Eine Baumfälleinrichtung und ein Planierschild am Bug gehören zu den Sonderausstattungen.

In der Praxis bewährt hat sich der Wasserbüffel bereits bei größeren Waldbränden.

Auf gleicher Basis produzierten diese Firmen auch ein Panzertanklöschfahrzeug (PTLF) mit der Bezeichnung „Wasserbüffel".

Es führt in einem Container 15.000 l Wasser mit. Die mechanisch über ein Zwischengetriebe angetriebene Feuerlöschkreiselpumpe hat eine Nennlistung von 3.800 l/min.

Über der Fahrerkabine ist ein elektrisch steuerbarer Monitor (3.200 l/min) angeordnet.

Im März 1991 erhielt die Feuerwehr des Verkehrsflughafens Nürnberg das erste von zwei Ziegler-Flugfeldlöschfahrzeugen Typ Z 8.

Als Basis für das Fahrzeug dient ein MAN 36.1000 VFAEG 8x8 Fahrgestell mit V 12-Zylinder Dieselmotor. Letzterer sorgt für eine Leistung von 735 kW/1.000 PS und ermöglicht eine Beschleunigung von 0 auf 80 km/h innerhalb von 19 Sekunden. Die erreichbare Höchstgeschwindigkeit liegt bei 140 km/h.

Das FLF — so die Abkürzung für Flugfeldlöschfahrzeuge — führt 12.000 l Wasser und 1.500 l Schaum mit. Die zweistufige Feuerlöschkreiselpumpe (6.000 l/min bei 10 bar) wird von einem separaten MAN-Dieselmotor angetrieben.

Für den Schnellangriff steht ein Dachmonitor mit Kombirohr (Wasser-/Schaumbetrieb) mit einer maximalen Leistung von 5.000 l/min bei 10 bar zur Verfügung, der pneumatisch auch auf 2.500 l/min umschaltbar ist. Die maximal erreichbare Wurfweite beträgt etwa 80 m.

Zwei Schnellangriffseinrichtungen und ein Bugmonitor ergänzen die löschtechnische Ausstattung.

Flughafen
Nürnberg
NUE 24/2

24/2
Flughafen
Nürnberg
NUE
Ziegler

Auch kleinere Aufbauhersteller wie die Firma Meisner lieferten FLF's ins Ausland:

Malawi erhielt auf Basis des Unimog 1300 fünf Fahrzeuge mit 1.200 l Wasser, 200 l Schaum und 250 kg Pulver (Pumpenleistung: 1.400 l/min).

FLF 12.000 4x4 Flughafen Wien

FLF Viper

Zwei Flugfeldlöschfahrzeuge aus dem Hause Rosenbauer: Zusammen mit der Firma Oshkosh (USA) entwickelte dieses Unternehmen den Typ „Viper“, der sich durch sein Knickgelenk besonders für den extremen Geländeeinsatz eignet.

Aufgebaut auf Oshkosh DA 3838 Fahrgestell mit Detroit Diesel Motor transportiert die Viper 5.850 l Wasser, 880 l Schaum und je nach Kundenwunsch auch noch 250 kg Pulver. Als Standard-Pumpe ist der Typ R 600 vorgesehen.

Für den Flughafen Wien lieferte Rosenbauer 1987/88 zwei FLF 12.000 4x4 auf Titan-Fahrgestell. Diese Fahrzeuge (Pumpentyp: 2 x R 600) sind mit 10.600 l Wassertank und zwei jeweils 700 l fassenden Schaummittelbehältern ausgestattet.

Der Flughafen Berlin-Tegel entschied sich 1987 für den FLF-Typ S 2000.

Metz und Total Walther zeichneten für die Feuerlöschkomponenten, Sides/Frankreich für Aufbau und Fahrgestell (Typ 38.700 6x6, speziell für diese Anwendung konzipiert und mit MB 550 kW/750 PS Motor ausgestattet) verantwortlich.

Jedes der zwei insgesamt gelieferten Fahrzeuge führt 14.000 l Wasser und 2.000 l Schaum mit. Die einstufige Zentrifugalpumpe leistet 7.500 l/min bei 10 bar.

In Hannover ist seit 1985 ein Ziegler FLF 48/80-8 MAN 26.440 DFAE stationiert.

An Löschmitteln stehen 8.000 l Wasser und 800 l Schaum zur Verfügung. Die zweistufige Pumpe mit Hochdruckteil hat eine Leistung von 4.800 l/min bei 8 bzw. 300 l/min bei 40 bar.

Insgesamt 44 Flugfeldlöschfahrzeuge lieferte Rosenbauer 1989/90 nach Indonesien, darunter auch den Typ ,,Macan" 4000/500 (Foto oben) auf Steyr 1291/M 4x4. Die Pumpe vom Typ R 300 (3.200 l/min bei 10 bar) wird vom 4.000 l fassenden Wassertank versorgt. Außerdem werden 300 l Schaum mitgeführt.

In Hamburg ist das Ziegler FLF 60/45-6 (rechts) auf MB 1945 A 4x4 stationiert. Zu seinem Löschmittelvorrat gehören 4.500 l Wasser, 600 l Schaum, 250 kg Pulver und 50 kg Halon. Die Pumpenleistung liegt bei 5.000 l/min (10 bar) im Normaldruck- bzw. 250 l/min (40 bar) im Hochdruckbereich.

Seit 1992 steht der Flughafenfeuerwehr Hannover ein PLF 2000 (rechts) von Rosenbauer auf MAN 16.372 FAEG 4x4 zur Verfügung.

Die Bezeichnung ,,PLF" steht für Pulverlöschfahrzeug, transportiert werden 2.000 kg.

Neben einem Dach- sowie einem Frontwerfer stehen zwei zusätzliche Schnellangriffseinrichtungen zur Verfügung.

Das TroLF des Flughafens Stuttgart verfügt für den Löschangriff über einen innengelenkten Pulverwerfer auf dem Fahrzeugdach und zwei Schnellangriffseinrichtungen auf um 90° ausschwenkbaren Schlauchhaspeln

Die Firma Ziegler lieferte 1988 an den Flughafen Stuttgart ein TroLF 1000 (MB 1945 A/37 4x4) mit 1.000 kg Pulver und ein FLF 60/88-12 auf MB 3255 AF/38 6x6.

Dieses Fahrzeug — es wird auch unter der Bezeichnung „Advancer" geführt — transportiert 8.800 l Wasser und 2.000 l Schaum.
Die Pumpe hat eine Leistung von 6.500 l/min bei 19 bar.

FLF 60/88-12 mit 8.800 l Wasser und 2.000 l Schaum

Auf das Jahr 1984 geht die Entwicklung des FLF ,,Firehunter“ durch die Firma Metz zurück, 1986 wurden die ersten beiden Fahrzeuge nach Bahrain geliefert.

Die Basis bildet ein modifiziertes Serienfahrgestell von Daimler Benz (Typ 3250 AF 6x6) mit drei Achsen.

Metz bot damals den Firehunter als reines Schaumlöschfahrzeug und Kombinationseinheit (Wasser/Schaum) an.

Bahrain erhielt zwei baugleiche Fahrzeuge mit jeweils 11.000 l Wasser, 1.350 l Schaum und 100 kg Halon.

Die zweistufige Feuerlöschkreiselpumpe mit

elektronischer Regelung hat eine Leistung von 6.000 l/min.

Für den Löschangriff steht neben dem Dachmonitor (wahlweise 2.500 oder 5.000 l/min) für Wasser- und Schaumbetrieb im Fahrzeugheck eine Haspel mit 40 m Schlauch und Pistolenstrahlrohr zur Verfügung.

Die Halon-Anlage versorgt eine weitere 30 m lange Leitung.

Die ersten beiden Firehunter lieferte Metz nach Bahrain

Im April 1990 erhielt der Koahsiung-Airport in Taiwan ein Sonder-Flughafenlöschfahrzeug der Firma Rosenbauer:

Aufgebaut auf MB 2628/41 4x4 führt es 5.000 l Wasser und 500 l Schaum mit. Die Normaldruckpumpe im Midship-

Anordnung hat eine Leistung von 6.000 l/min bei 10 bar.

Zwei Schnellangriffseinrichtungen à 30 m und ein elektrisch steuerbarer Dachmonitor (Wasser- und Schaumbetrieb, Wurfweite bis zu 76 m, Leistung maximal 3.000 l/min) stehen zur Verfügung.

Der auf dem Fahrzeug montierte Teleskoplift kann bis zu einer Arbeitshöhe von 20 m ausgefahren werden. Der Rettungs- resp. Arbeitskorb mit Monitor ist für eine maximale Korblast von 200 kg ausgelegt. Die Bedienung kann von der Fahrzeugkabine aus, vom Korb oder mittels Kabelfernsteuerung erfolgen.

Heckansicht des Fireranger mit Pumpe und Schnellangriffseinrichtung. Hinter der Fahrerkabine befindet sich in einem weiteren Geräteraum die Pulverlöschanlage.

Bis 1989 lieferte Metz allein an den Iran zwölf Fahrzeuge dieser Bauart

Pumpenraum

Schnellangriffseinrichtung

Geräteraum mit PLA 250

Gerade auf Flughäfen kommt es im Notfall auf Sekunden an. Zusätzlich zu den Großfahrzeugen entwickelten die Hersteller deshalb auch sogenannte RIV-Typen (Rapid Intervention Vehicle) auf den unterschiedlichsten Fahrgestellen. Hohe Antriebsleistung und Allradantrieb gehören zu den Grundelementen dieser Schnellangriffsfahrzeuge.

Aus der Produktion der Firma Metz stammt der ,,Fireranger", aufgebaut auf Dodge W 350 FF V 8-Fahrgestell. 1.000 l Wasser, 150 l Schaum, 50 kg Halon und 250 kg Pulver machen dieses Fahrzeug zu einem universell nutzbaren Spezialtyp.

Die Normal- und Hochdruckpumpe (3.200 l/min bzw. 300 l/min) ist im Heckbereich installiert. Für den Schnellangriff stehen der Dachmonitor (Wasser- und Schaummonitor, maximale Wurfweite 50 m) und zwei weitere Einrichtungen zur Verfügung.

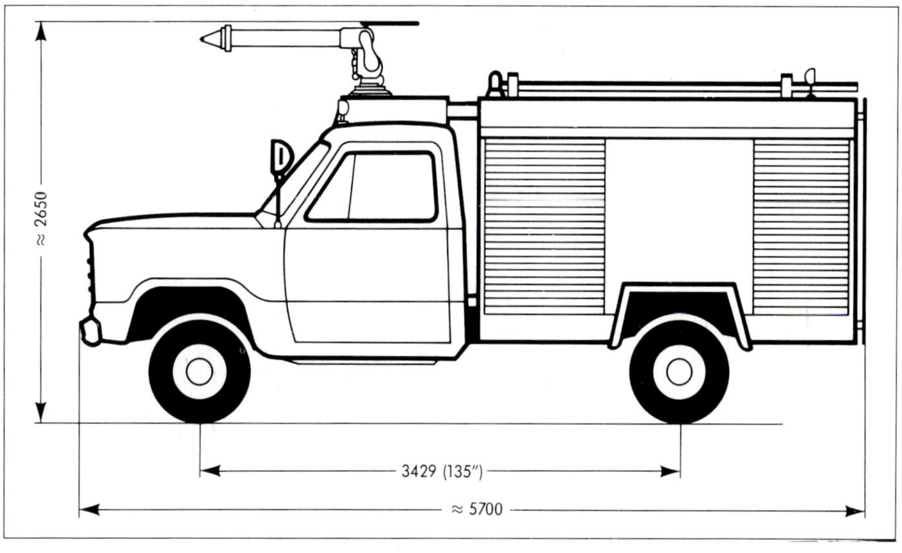

Auf einem Ölfeldflugplatz in Ägypten steht seit 1989 ein Rosenbauer Falcon in FLF-Version (links):

Zusätzlich zu 3.000 l Wasser und 300 l Schaum werden 50 kg Pulver mitgeführt.

Die Kombinationspumpe leistet 3.000 l/min im Normal- und 350 l/min im Hochdruckbereich.

Zehn RIV 250 auf MB/Puch 230 GE (Bild oben) mit 250 kg Pulver, 4 kW Generator und Bergeausrüstung lieferte Rosenbauer 1989 nach Indonesien.

Auch auf den Fidji-Inseln oder in Vietnam trifft man auf FLF's dieses Herstellers, wie der Cheetah Nuro 2000 4x4 (links) mit 1.200 l Wasser und 160 l Schaum oder der Buffalo auf MB 2636/41 6x6 (unten) mit 8.000 l Wasser, 1.000 l Schaum und 250 kg Pulver zeigen.

Auch die beiden hier gezeigten Fahrzeuge Baujahr 1991 resp. 92 kommen von Rosenbauer:

Das TLF 2500 auf Unimog U 2150 L (unten) transportiert 2.000 l Wasser, 500 l Schaum, 250 kg Pulver und 2x30 kg CO_2. Die kombinierte Hochdruckpumpe vom Typ R 280 hat eine Leistung von 3.000 l/min bei 8 resp. 350 l/min bei 40 bar.

Im Einsatz steht das Fahrzeug bei der Dornier Luftfahrt GmbH.

Der Mamba (oben) mit 10.000 l Wasser, 1.000 l AFFF und 500 kg Pulver ergänzte 1992 den Fahrzeugbestand auf dem Flughafen Dresden.

Die Pumpe mit einer Leistung von 6.000 l/min wird von einem separaten MAN-Motor angetrieben. Als Fahrgestell fand ein MAN 32.760 VFAEG 8x8 Verwendung.

Das Fahrzeug ist zusätzlich mit 8 kVA-Generator und pneumatisch ausfahrbarem Lichtmast ausgerüstet.

Frankfurt Airport
1
rosenbauer

61/ 26
Frankfurt Airport
1
rosenbauer
GFLF 60/120-1
Flughafen
Frankfurt Main AG

Anläßlich der Interschutz 1988 stellte die Firma Ziegler erstmals ein Flugfeldlöschfahrzeug mit der Bezeichnung „Z 1" vor.

Der Aufbau besteht aus insgesamt vier Modulen (Fahrer- und Mannschaftskabine, Tankmodul, Pumpenraum und zum Abschluß der Motorraum).

Als Fahrgestell fand der Faun LF 30 6x6 Verwendung.
Der Antrieb erfolgt durch zwei Serienmotoren mit jeweils 165 kW (360 PS). Erreichbar ist eine Höchstgeschwindigkeit von 135 km/h.

Die zweistufige Ziegler FP 60/10-2 bringt eine Leistung von 6.000 l/min bei 10 bar, für die Schaumzumischung nutzte das Unternehmen ein vollautomatisches System mit Durchsatzmengen von 200 bis 6.000 l/min (Zumischrate 1, 3 u. 6%).

Der Z 1 in der 6x6 Version wie hier gezeigt führt 9.200 l Wasser und 800 l Schaum mit.

Dach- und Frontwerfer sowie zwei Schnellangriffseinrichtungen rechts und links am Fahrzeug stehen für den Löschangriff zur Verfügung.

Das erste Fahrzeug der Z 1-Reihe (denkbar sind auch Varianten 4x4 und 8x8) wurde an den Flughafen Nürnberg geliefert.

Zum 125jährigen Jubiläum des Hauses Rosenbauer 1991 hieß es gleichzeitig auch Premiere für ein neues FLF: Der Panther in 8x8 Version konnte präsentiert werden.

Aufgebaut auf MAN 36.1000 FVAEG mit 735 kW/1.000 PS-Motor führt das Fahrzeug je nach Kundenwunsch 10.000 bis 14.000 l Wasser, 1.000—2.000 l Schaum und maximal 500 kg Pulver mit.

Die Normaldruckpumpe R 600 wird durch einen separaten MAN Dieselmotor angetrieben und bringt eine Leistung von 6.000 l/min bei 12 bar. Die Schaumzumischung erfolgt durch das Schaumzumischsystem RVMA 500 (3, 6 oder 8% Zumischung).

Alle Funktionen können durch eine Kraft von der Kabine aus gesteuert werden

Zwei Monitore auf dem Aufbau (Pulver, Wasser/Schaum) sowie zwei Schnellangriffseinrichtungen Wasser/Schaum rechts und links am Fahrzeug stehen beim TroTLF (rechts und unten) zur Verfügung

Der MANSK 14 verfügt über einen Dach- und Frontmonitor sowie über zwei Schnellangriffseinrichtungen

Drei Generationen Flugfeldlöschfahrzeuge auf dem Münchner Flughafen; v.l.n.r.: Faun/Magirus FLF Baujahr 1972, Simba 8x8, Mansk 14

1991 stellte die Flughafenfeuerwehr München ihre neuen Löschfahrzeuge vom Typ MANSK 14 und MANSK 4P vor.

Bei den vier Großfahrzeugen MANSK 14 mit 15.120 l Löschmittelkapazität (13.500 l Wasser, 2 x 810 l Schaummittel) handelt es sich um allradgetriebene Vierachs-Frontlenkerfahrgestelle MAN 36.1000 VFAEG mit 735 kW/1.000 PS Motor.

Die Feuerlöschkreiselpumpe mit einer Leistung von 6.000 l/min wird von einem separaten Pumpenmotor (229 kW/311 PS angetrieben.

Beim Mansk 4P, von dem zwei Fahrzeuge in Dienst gestellt wurden, handelt es sich um ein MAN 22.550 DFAEG 6x6 Fahrgestell (Motorleistung 405 kW/550 PS).

Für die Nutzung des Pulvervorrates (4.000 kg) stehen ein Frontsowie ein Dachmonitor und zwei Schnellangriffseinrichtungen zur Verfügung.

Der Aufbau dieser Fahrzeuge stammt von Saval-Kronenburg/ Niederlande.

Die Feuerlöschkreiselpumpe des MANSK 14 leistet 8.000 l/min

Rechts der MANSK 14, links das Pulverlöschfahrzeug MANSK 4P

Zwei Trockenlöschfahrzeuge vom Typ MANSK 4P (der Begriff steht für MAN und Saval-Kronenburg) stehen in München zur Verfügung

Die Idee stammt vom ehemaligen Chef der Frankfurter Flughafenfeuerwehr Otto Marnet und geht auf die bei einem Flugzeugbrand in Saudi-Arabien gewonnenen Erfahrungen zurück:

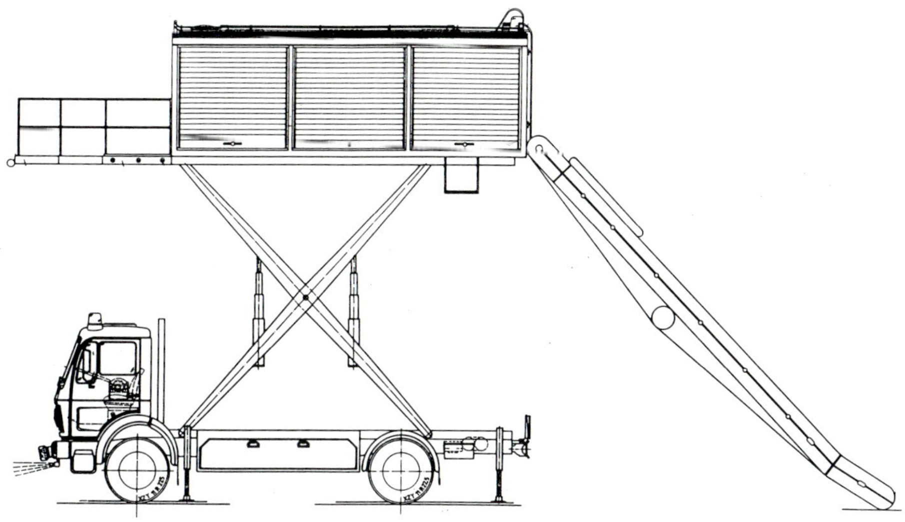

Der Rettungs- und Rüstwagen ,,Bühne" (RRW 2) sollte die zeitkritischen Rettungsmaßnahmen in Kabinenhöhe bei Großflugzeugen erleichtern. Dazu wird der gesamte Aufbau mittels einer Hubschere bis auf eine Höhe von etwa 5 1/2 Meter stufenlos angehoben.

Realisiert wurde der Plan dann sozusagen als ,,Raubkopie" 1988 durch ein Unternehmen in Italien. Baribbi stellte auf Iveco 190.25 4x4 ein entsprechendes Fahrzeug vor, mit dem die Geräte für technische Hilfeleistungen (z.B. Schere und Spreizer) direkt an die Flugzeugkabine gehoben werden können.

Auf den Verkehrsflughäfen werden natürlich nicht nur ausgesprochene Lösch- oder Gerätefahrzeuge benötigt. Wie bei allen anderen Feuerwehren auch besteht ein Bedarf bis hin zum kleinen ELW.

Ein Beispiel stellen die Opel Rekord der Flughafenfeuerwehr Frankfurt/Main dar, die 1985 in den Fuhrpark dieser Wehr integriert wurden.

Drei der insgesamt vier Fahrzeuge sind mit einer Schiebebühne im Fahrzeugheck, auf der eine 100 l Poly-Schnelleinsatz Light-Water-Löschanlage, zwei Pulverlöschanlagen PG 50 sowie einer Halonlöschanlage (HAL 50) aufgebaut sind, ausgestattet.

Alle Löschkomponenten sind mit Verbindungsschlauch zu je einer Haspel mit angeschlossenem Druckschlauch und Strahlrohr ausgerüstet.

Die Bedienung der Light-Water-Anlage erfolgt über die rechte hintere Beifahrertür. Alle übrigen Löscheinrichtungen werden vom Heckbereich aus bedient.

Die Löscheinrichtungen des ELW sind auf einer Schiebebühne gelagert

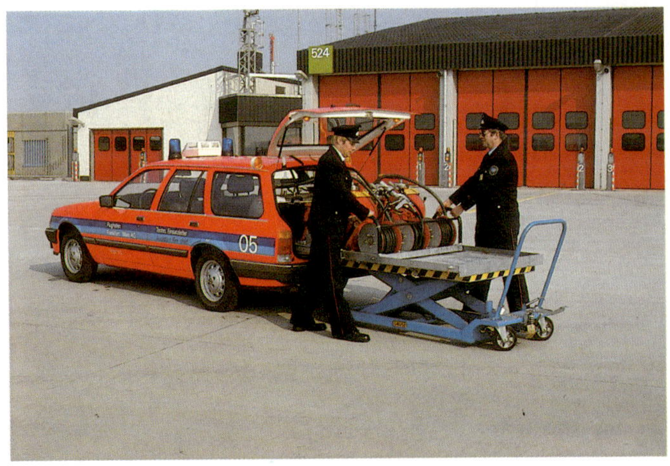

Drei der vier 1985 in Dienst gestellten ELW sind mit Löscheinrichtungen ausgestattet

Lediglich der ELW 01 (rechts) verfügt über keine Löscheinrichtungen

Der RW-Kran ist mit allen Geräten für technische Hilfeleistungen ausgestattet

Ebenfalls an die Flughafenfeuerwehr Frankfurt/Main lieferte Bachert 1985 zwei TLF 16, einen SW 2000 sowie je einen RW-Kran und GW-AS.

Die speziell für den Rhein-Main Flughafen konzipierten Fahrzeuge wurden alle auf MB 1428 aufgebaut, verfügen über Automatikgetriebe und permanenten Allradantrieb.

Gleich bei allen auch die Ausstattung mit einem 20 kVA Generator und pneumatischen Lichtmast.

Als Besonderheit sei auch noch das in der Kabine installierte Funk-Terminal (BOS-Geräte, Funkgerät für die Flughafenfrequenz und ein Gerät zur Abspielung verschiedener Durchsagen über Lautsprecher) erwähnt.

Am Rahmenende des RW-Kran erfolgte die Installation eines vollhydraulischen Ladekrans Fabrikat Atlas, der im wesentlichen zum Be- und Entladen von Stückgut sowie für die technische Hilfeleistung vorgesehen ist.

Für die verschiedenen Arbeitsgeräte wurde zusätzlich noch ein Druckluftkompressor bei diesem Fahrzeug eingebaut. Eine hydraulische Seilwinde ermöglicht das Heben oder Schleppen von Lasten.

Am Fahrzeugheck des RW-Kran befindet sich ein Atlas Ladekran

Der SW 2000 ist wie der RW-Kran und der GW-AS für eine Besatzung von zwei Mann ausgelegt. Die Entnahme der Schläuche erfolgt vom Heck aus.

Auf der rechten Fahrzeugseite befinden sich verschiedene Feuerlöscher. Die sonstige Ausrüstung (Armaturen etc.) ist links in den Geräteräumen gelagert.

Im Kofferaufbau des GW-AS (rechts und unten) befindet sich neben den verschiedenen Lagerungsmöglichkeiten ein Dräger Hochdruck-Atemluft-Kompressor DK 13 zum Füllen von Druckluftflaschen 200 bzw. 300 bar.

Im Juni 1987 konnte die Flughafenfeuerwehr Rhein-Main dann noch einen GW-Gefahrgut in Betrieb nehmen.

Auch dieses Fahrzeug auf Basis des MB 1428 entstand in den Werkstätten der Firma Bachert und ersetzte einen aus dem Jahr 1970 stammenden RW-Öl.

Der GW-G ist mit 20 kVA-Generator, Rettungsschere und pneumatisch ausfahrbarem Lichtmast ausgerüstet.

Die DIN-Beladung wird durch Faltbehälter mit 20.000 bzw. 50.000 l Fassungsvermögen, Spezialadaptern zum Enttanken von Luftfahrzeugen und weitere, speziell auf den Bedarf auf einen Flughafen zugeschnittene Geräte ergänzt.

61/55
Flughafen
Frankfurt Main AG

Pakistan International
61/55
Flughafen
Frankfurt Main AG

Bildnachweis:

N. Arnold (2)
Baribbi (1)
Barth Feuerlöschgeräte (1)
Berufsfeuerwehr Stuttgart (1)
Brändle AG (1)
N. Feix (1)
M. Fenchel (3)
Feuerlöschgerätewerk Luckenwalde (2)
S. Fiedler (6)
Flughafen Rhein Main AG (1)
Geisselmann Feuerwehrtechnik (1)
Gesellschaft für Strahlenschutztechnik (1)
E. Geyer (3)
K. Jestl (4)
G. Kubiza (9)
Liebherr GmbH (2)
Lohr Feuerwehrfahrzeuge (4)
Meisner Feuerschutz (1)
Metz Feuerwehrgeräte (29)
E. Oettli (2)
H. Raab (94)
Rosenbauer International (52)
SIVG (3)
A. Schäfer (1)
K.H. Schneider (3)
Schörling Waggonbau (1)
J. Steinmetz (2)
Wumag GmbH (3)
A. Ziegler GmbH & Co KG (27)